PORTEN

SETHIANSK
GNOSTISISME I
PRAKSIS

RED. RUNE ØDEGAARD

KRYSTIANIA

Porten: Sethiansk gnostisisme i praksis

© Rune Ødegaard 2013

Utgitt av Krystiania forlag
Oslo, Norge

Førsteutgave 2013

Omslagsgrafikk: Rune Ødegaard

Omslag: Joachim Svela / formbureauet
formbureauet.com

Satt med 12/20 pkt. Arno Pro
Papir: 70 g Crawford Opaque Colonial White

Krystiania forlag har en grønn profil og
etterstreber å utgi bøker av av naturlige, fornybare
og resirkulerbare materialer.
Papiret er syre- og ligninfritt, laget av tre fra
bærekraftige skoger. Våre bøker er CoC-sertifisert
av enten FSC®, SFI®, eller PEFC™ beroende på
hvor de er produsert.

ISBN   978-82-93295-05-1

www.krystiania.com

3

INNHOLD

Og slangen bød kvinnen å spise av frukten, og sa:
Spis og bli vis.
Og kvinnen spiste og ble vis, og hun gav det til sin mann,
som gav det til sin sønn,
som gav det til sine barn,
som gav det videre til sine barn,
og slik fortsatte de.
I dag henvender jeg meg til deg, med disse de samme ord:
Spis og bli vis!

OM DENNE BOKEN

Denne boken er et utdrag fra den tekstsamlingen som i organisasjonen *Sodalitas Sanctum Seth*, kalles for *Charaxio*.
Charaxio er ikke en bibel i ordinær forstand, men en inspirasjonsbok for de sjelelige pilegrimene som har begitt seg ut på gnostisismens krokveier.

Tekstene som publiseres her, er et utvalg som skal synliggjøre en stor del av den mytologiske helheten som ligger i moderne sethianisme. De er valgt fordi det skal kunne gi et godt omriss av tradisjonen, og representerer derfor ikke nødvendigvis mine egne meninger og holdninger. *Eleleths bok*, som var med i *Nøkkelen Sethiansk gnostisisme i praksis*, er også med i denne boken, da den er én av de mest sentrale tekstene som her kan ses i sammenheng med det øvrige materialet.

Utvalget viser også det sethianske synet på den mytiske utviklingen av historien fra skapelsen til floden, og tar videre for seg viktige mytiske personer som Zorakatora og Zorazoraia og Aberamento, og ender med profetier og en tekst om verdens ende.

Det er mange andre tekster som også var aktuelle, men jeg tror at disse tekstene vil kunne gi et godt utgangspunkt for bruk av *Nøkkelens* nøkkel. Det er derfor min anbefaling at man leser denne boken før man studerer boken du nå har i hende.

Jeg håper at utgivelsen av disse tekstene skal være til inspirasjon for folk som søker en gnostisk vei. Det kreves imidlertid tålmodighet i arbeidet med disse tekstene for at man skal kunne komme bak ordene. Jeg ønske leseren lykke til med dette.

TAKK TIL

Jeg ønsker å rette en takk til alle som har kommet med positive henvendelser etter å ha lest trilogiens første bok, *Nøkkelen*.

Jeg vil også rette en stor takk til Knut Evjen for korrekturlesning av boken, og min kone Kjersti og prosjektpartner Joachim i Krystiania, for uvurderlig støtte og gode bidrag.

Forord

Dette er andre bok i en sethiansk gnostisk trilogi. Første bok tok for seg sentrale konsepter i tradisjonen, for å gi leseren en nøkkel til å lese bakenfor det skrevne ord i de sethianske tekstene.

Denne andre boken bygger videre på første bok, i den forstand at leseren kan få større utbytte av innholdet i denne, om han eller hun forstår seg selv inn i det mytiske språket som ble forklart i forrige bok.

Forrige bok presenterte leseren for lesenøkler, slik at denne skulle kunne gripe mysteriets nøkkel med sjelens hender, som kan sies å befinne seg på bunnen av bevissthetens brønn.

Denne bokens intensjon er ikke å fortsette dette prosjektet, men å gå videre inn i kultiveringen av den forståelse som leseren har ervervet. Boken har som intensjon å gi perspektiv til den som uforvarende har møtt fru Metanoia i sitt indre, og begynt å ane menneskemysteriets karakter.

Jeg vil på bakgrunn av dette erkjennelsesveiskillet presentere boken som enten en kuriøs fortolkning av bibelhistoriske fortellinger og en samling fortellinger, eller som en nistepakke for den gnostiske eksistensialistiske pilegrim i postmodernismens tidsalder.

Det er i så henseende avgjørende hvilke øyne som leser disse tekstene. I seg selv er de bare tekst, men om du tar del i dem og projiserer inn dine livserfaringer, og lever med dem, blir de erfaringsporter. Og du avslører at de er fortellingen om deg.

Anse derfor hele denne boken som en projektiv test. Lik projektive tester i psykologien, har de ingen mening i seg selv; det er du med din bakgrunn, dine meninger, din kulturelle ramme og din selvforståelse som avgjør hva du finner mellom disse permene.

Det er derfor vanskelig å finne de rette ordene å bruke til å presentere disse tekstene. Burde man prøve seg med å mane frem et litterært bukk? Eller med en tilsvarende vennlig og inviterende gest?

I alle tilfeller er du ditt eget vertskap i denne leseprosessen.

Som i forrige bok, så vil jeg også her si: Husk, når du nå nærmer deg materiale av denne karakter: Mens du leser, leser også boken deg.

Bre derfor om deg tradisjonens pilegrimskappe og ta vandrerstaven fatt, og stig ut på en gnostisk reise.

Rune Ødegaard
Oslo
Høstjevndøgn 2010

Amarantus' segl

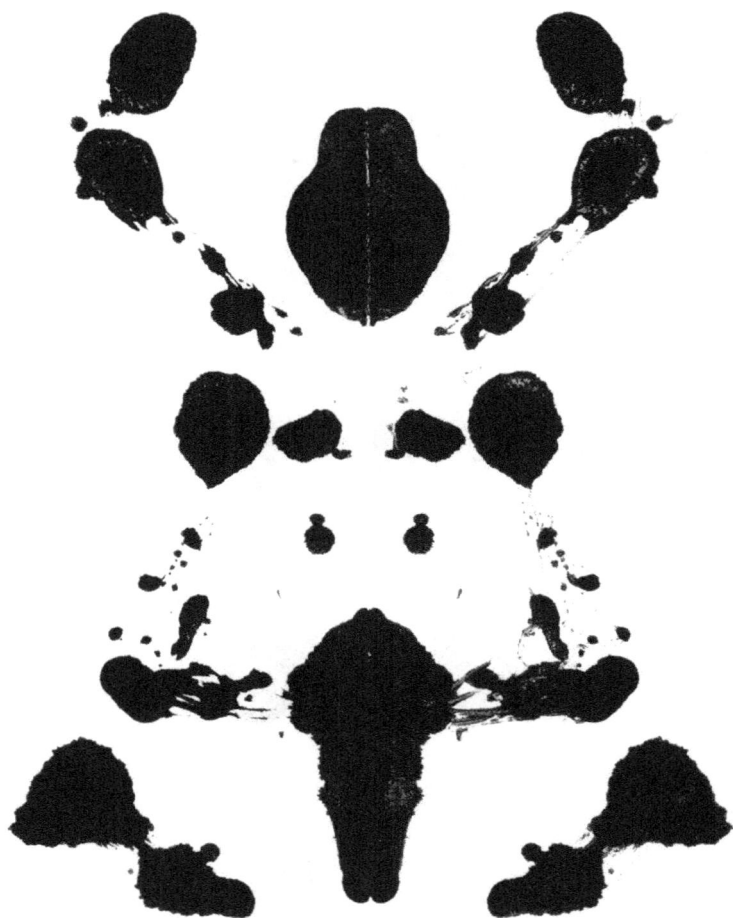

INNLEDNING TIL
ELELETHS BOK

Eleleths bok er den sethianske skapelseslæren, og gir et nytt og annerledes perspektiv på historien som også er beskrevet i *Første Mosebok*. Boken presenterer også en forhistorie som går forut for skapelsen som presenteres i Moseboken. Eleleths bok har nært slektskap til både *Johannes hemmelige bok* og *Den store usynlige Åndens bok* også kalt *Egypterevangeliet*, da det er tre fasetter av den sethianske læren og mytologien som presenteres i disse tre skriftene.

I Eleleths bok presenteres mange av de mest sentrale skikkelsene i den sethianske fortellingen, og det gis en antydning av deres kvaliteter.

Rammen for fortellingen er den sethianske mesterens møte med Eleleth i et kapell som omtales som *De Fire Lysenes kapell*. De Fire Lysene som kapellet er dedikert til er Armozel, Oriael, Daveithai og Eleleth, hvorav det siste av disse vesenene fremstår som læremester og initiator for Seths såkalte åndelige slekt på jorden.

Ut fra kun å lese rammefortellingen om mester Amarantus' møte med Eleleth, klargjøres forholdet sethianere har til engler og andre åndelige vesener. Engler er i denne forstand, formidlere. De er formidlere på samme måte som lærere er formidlere. De er bærere av en kunnskap, en forståelse og et potensial, som gjennom interaksjon med menneskesinnet åpner våre mentale porter.

Amarantus får åpenbart eonenes ordning og herskermaktenes hierarki. Denne presentasjonen, som bærer preg av å være en visjon, peker også mot en av sethianismens sakramenter, som kalles *Oppstigning*. I Oppstigningen deltar også individet i en visjonær reise, en himmelfart som første gang utføres sammen med en initiator.

Oppstigningen bygger på dåpen, som kalles *De fem segl.* I rammefortellingen overfører Seth selv disse seglene på fortelleren.

Rammefortellingen viser i sin helhet hvordan fortelleren ble innviet i de sethianske mysteriene. Det vil si hvordan mytologien ble åpenbart, og hvordan sakramentene ble overført.

Alle de sentrale hemmelighetene og nøklene i tradisjonen skal ligge gjemt eller delvis tilslørt i denne teksten. Historien i denne boken er selve skjelettet og grunnvollen i den *amarantiske sethianismen,* som er denne tradisjonens form for sethianisme.

Eleleths bok

Visjonens begynnelse

En sen kveld da jeg satt ensom og alene i De Fire Lysenes kapell kom Den Hellige Ånd over meg, og dekket meg i en gyllen sky. Da jeg gav meg hen til den fullkomne henrykkelsen, hørte jeg en praktfull stemme komme mot meg fra alle kanter.

Jeg åpnet sjelens lepper og mitt hjerte spurte ensomheten: - Hvem er du?

Og stemmen svarte og sa: Jeg er sant lys, lys som oppløser den himmelske fløyelsnattens mørke, jeg er kraften som trekker sløret til side for dem som lever i de stridende kreftenes rike. Jeg er lys som lyser, som varmer eller fortærer. Jeg er for deg, det du kan erkjenne og fatte i mørkets boliger, men reis deg og se meg med lysmenneskets øyne, og du vil se meg som Eleleth, Fyldens veileder i denne bolig, og du skal erkjenne at du er Seth og Kristus, Faderen og Moderen, udelelig enhet. For slik som jeg er ett med Faderen er du også ett med meg.

Han rakte meg hendene, og den venstre var som dekket av lysende påfuglfjær, og den høyre som duens vinterdrakt.

Han sa så: Vær du uskyldig som duen og listig som slangen, så skal jeg veilede deg og engelen i deg på åpenbaringens stier.

Han sa så: Lyset beveget seg, og mørket ble til. Søk og du skal finne, for sannheten ligger svøpt i selve løgnens arnested.

Jeg kjente en veldig trang etter frihet, forening og kjærlighet, og det uendelige riket, og lyset sa: Døren er det knuste hjerte og nøkkelen er det forsonede sinn.

Jeg vil lære deg sannheten om ditt opphav og eonenes tilblivelse, men kun om du lytter som et levende menneske kan du høre mine ord, for lyset er for lyset og mørket for mørket. Med ett ble jeg løst fra min bolig og i lyset erfarte jeg de første ting, selv om mitt legeme aldri beveget seg fra stedet jeg satt.

FADEREN

Opphavets Opphav, en fullkommen fullendt og udelelig enhet. Han er ikke han eller hun, da ingen slike kategorier kan omfatte ham. Han er alle kvaliteter i perfekt forening og harmoni, slik at intet mangler, intet behøves, og intet begjæres. Han er den perfekte hvile som i seg selv kontemplerer sitt vesen i den store stillhet, i lyset som omgir ham, som er det levende vanns kilde.

Han er en væren, men ikke et vesen slik vi beskriver et vesen. Han er grenseløs i sin væren for i ham finnes ingen grense, intet senter og ingen utstrekning. Han er som en evighet i en evighet, Det er han som er Gud og altets opphav, Den store usynlige Ånd som er over alt som er, var og skal komme.

Han har ikke del i eonene, heller ikke i tiden. Han eksisterer ikke i noe lavere eller høyere enn seg selv, siden alt er i ham. Allikevel er han forent med dem alle.

I seg selv har han ingen navn, for ingen var før ham, og kunne gi ham en betegnelse, slik er han den fullkomne evige ukjente.

Han er Gud som uforgjengelighet og rent lys. Han er Den store usynlige Ånd, som man ikke må tenke seg som en gud eller som noe lignende. Denne store usynlige Ånd eller væren, er mer enn en gud, da guder kan fattes eller beskrives. Han er liv som fører til liv, han er uendelighet som fyller uendelighet, han er erkjennelse som gir erkjennelse. For den som beskriver Den store usynlige Ånd, har i skrivende stund ikke beskrevet ham, så hva kan jeg si om opphavet?

Man kan intet si om hans vesen uten i samme øyeblikk å begrense ham og slik lyve og beskrive noe annet enn først intendert.

Han er alle eonenes far. I alle former skuer han seg selv ved å se det slik det var fra dets opphav. Han retter sin lidenskap mot lysvannet i seg, som er kilden til fyldens uendelige liv.

MODEREN

Hans bevegelse ble til væren, og altets forsyn ble til i lysvannet.

Hun er alles Moder. Hennes lys er som hans lys. Hun er den feilfrie kraften som er den usynlige, fullkomne jomfruelige Åndens gjengivelse. Hun er Barbelo, det første vesen i opphavet, og hun tok del i hans væren. Hun lovpriste Den store usynlige Ånd, fordi hun var blitt til ved ham og hans lysvann.

Dette er den første tanke. Hun er alle tings moderskjød, for hun er den første. Hun er Moder-Faderen, det første mennesket, Den Hellige Ånd, den mannlig-kvinnelige og den første som ble til.

Barbelo var ett med opphavet, selv om de var atskilt, og i deres forening fyltes evighetens stillhet med eoner.

Barbelo bad om fem store eoner, med deres ledsagere, for å fylle sin væren med kvaliteter, og hennes vilje ble til virkelighet i foreningen:

Tanke og Åndelighet
Forutvitenhet og Ettertanke
Uforgjengelighet og Gjenoppstandelse
Evig Liv og Form
Sannhet og Profeti

Dette var Pentaden i Faderens eoner, som er Den Hellige Ånds kvaliteter i stillhetens bolig. De er fem doble krefter, som til sammen er én og ingen. Disse stod frem og priste Barbelo og Den store usynlige Ånd som var kilden til deres opphav, som de tok del i.

SØNNEN

Etter dette, Barbelos verk, skuet Den store usynlige Ånd inn i Barbelo med lysvannet som omgir ham, og hun unnfanget ved ham et ubeskrivelig og ufattelig Lys, han var den enbårne Sønn av Moder-Faderen. Han er lysenes lys, opphavets enbårne Sønn, han som kalles den guddommelige selvoppståtte.

I sin uutsigelige kjærlighet salvet han sin enbårne med sin kjærlighet til han var fullkommen i dens fylde. Den enbårne stod foran Faderen, og mens lysvannet flommet over ham, lovpriste Kristus Den store usynlige Ånd og Barbelo, hvorved han hadde blitt til. Han bad sitt opphav om å få erkjennelsens gave, og erkjennelsen ble hans ledsager.

Dette er skapelsen som ble til i stillheten, som er den hellige treenighet, og som kalles dette fordi de i sannhet er én i tre og ikke tre i én.

DE FIRE LYSENE

Erkjennelsen var stor og gav opphav til Viljen og Ordet, og disse utgjorde Sønnens bevegelse og væren.

Gjennom Den Hellige Ånds femfoldige kraft og Kristi erkjennelse, og gjennom hans Vilje og Ord, som taler Faderens tause språk, ble De Fire Lysene til.

Det Første Lyset er Harmozel, og med Harmozel er Charis (Nåde), Aletheia (Sannhet) og Morphe (Form).

Det Andre Lyset er Oriael, og med Oriael er Katabole (Ettertanke), Aisthesis (Innsikt) og Mneme (Erindring).

Det Tredje Lyset er Daveithai, og med Daveithai er Dianoia (Forståelse), Philios (Kjærlighet) og Idea (Forestilling).

Det Fjerde Lyset er meg, Eleleth, og med meg er Katartisis (Fullkommenhet), Eirene (Fred) og Sofia (Visdom).

Dette er de tolv eoner, som står foran den mektiges Sønn, Kristus. De tolv eoner tilhører Sønnen, den selvoppståtte. De er alle blitt til gjennom ham, og Den Hellige Åndens vilje.

Hele Plaeroma er i disse eoner, de er ett med Faderen slik som Sønnen er ett med Faderen. De utgjør en bevegelse og en hvile, en væren uten ende.

MENNESKET

Ved hele Plaeromas vilje, ble det fullkomne menneske til, som en manifestasjon av alle ledd i tilblivelsens kjede. Barbelo kalte ham Pigera-Adamas og satte hans bevissthet over den første eon, sammen med Kristus ved det Første Lyset Harmozel. Hans makter var med ham, og han lovpriste hele fylden for sin tilblivelse og sin erkjennelse som var med ham i Kristus og Den Hellige Ånd.

Pigera-Adamas satte Kristi bevissthet, Seth, i det andre eon, sammen med Oriael.

I det tredje eon ble Seths avkom satt, de som er de helliges sjeler, sammen med Daveithai.

I det fjerde eon satte han meg, det Fjerde Lyset Eleleth, slik at jeg kunne veilede og utvikle Pigera-Adamas barn i fullbyrdelsen av deres erkjennelses konsekvenser, slik at deres vilje skulle videreføre fyldens utfylling av altet, og forsikre dens indre enhet med Opphavet.

Dette er vesenene som lovpriser Den usynlige Ånd med bevegelse.

Eleleth pekte så inn i evighetens boliger, og sa: Alt som ble til ble til i enhet, fylde og harmoni, der enhet og mangfold var det samme. En tilstand som er ufattelig om man ikke har sett det, slik jeg lar deg se det.

Og jeg så, og jeg ble fylt av en ubeskrivelig enhet, som plutselig oppstod som om jeg hadde glemt at den hele tiden hadde vært der. Så ble jeg fylt av sorg over min og alle menneskers tilstand i verden, hvor fjernt denne tilstanden var fra det stedet, selv om det aldri er mer enn et hjertebank borte.

Eleleth grep meg så med sine tofargede hender, og sa: Det jeg har vist deg nå, vil aldri forlate deg, og du vil søke det resten av ditt liv i alt du ser og hører i verden. Du vil ikke finne noe hvilested på jorden, men det er også dette som vil forløse deg.

FALLET

Eleleth sa: Sofia som var i min evighet, som er Barbelo i bevegelse, og Den Hellige Ånd som inspirasjonens og kreativitetens flamme, stod på bredden til kaos, og fant i seg selv opphav til en bevegelse, som ikke var i overensstemmelse med den bevegelse som var satt i gang fra fyldens stillhet.

Hun dannet slik et splittet vesen i Guds bilde. Et ufullkomment verk kom ut fra henne. Hennes bevissthet gjorde en sammentrekning og hun aborterte et tvillingpar inn i tomrommet og de uendelige uskapte mulighetenes kaos.

Tvillingene var sammenvokste, bevegelige og ustabile i form, de var en slange med løvehode. Øynene lignet flammende lyn som blinket.

Sofia vendte seg så bort i skam, og i bevegelsen ble Metanoia, omvendelsen, til. Dette skjedde for alle de som skulle gå vill på grunn av hennes viljeshandling.

Hun omgav ham med en lyssky og stilte en trone i midten av skyen, for å passivisere og skjule ham, men vesenet lot seg verken skjule eller passivisere, for skyggen av kreativiteten drev det.

På tronen speilet vesenet seg i skyen, og det fordervede vesenet så seg selv; det så en trone i tomrommets himmel med en mektig løve med blod om munnen etter skaden han hadde påført seg, da han knuste sitt hjerte.

I mørket laget refleksjonen en dunkel trone med en veldig slange som buktet seg i ulydighet til sine egne tanker.

Sofia gav løven navnet Yaldabout, og Yaldabout kalte sin refleksjon Nebroel.

Dette er herskermakten. Han tok enheten, fylden og evigheten fra sin mor, som var et veldig flytende lys. Han fjernet seg fra fylden og stillhetens grenser. Han skapte seg et eget eon med en kreativ, men fortærende ild, som finnes til denne dag.

Yaldabout og Nebroel

Den store engelen Yaldabout betraktet den store demonen Nebroel som vi også kaller Aponoia, galskapen, og som er hans levende speilbilde.

Sammen førte de en kopulerende ånd til jorden, og han laget angeliske medhjelpere med sitt eget speilbilde.

Yaldabout hadde imidlertid gjennom Moderen fått preget ubevisste bilder av fylden inn i sin væren, og sa til den store demonen Nebroel: La oss skape i henhold til vårt begjær, slik at vi kan herske.

Men hans bilder og forståelse var gitt ved hans ubevisste forståelse av fyldens konstruksjon, gjennom Moderens lys, og gjorde at skapelsen gav hentydninger om fyldens eksistens.

Og Yaldabout sa: La tolv krefter bli til i de tolv ytre regioner, og la de legge en sirkel av ild rundt skaperverket. Og de tolv ble til.

Igjen forente de seg, og de skapte syv engler som i sine eoner bevegde seg gjennom de tolv og lagde vakre, men blinde og meningsløse veier for skapelsens utvikling.

Han sa til de store englene: Dra og hersk over deres del av himlene.

Og englene dro, og dyrekretsen ble til som skjebnens herskere.

Athoth: Væren
Harmas: Tyren
Kalila-Oumbri: Tvillingene
Yabel: Krepsen
Adonaiou Sabaoth: Løven
Cain: Jomfruen
Abel: Vekten
Abrisene: Skorpionen
Yobel: Skytten
Armoupieel: Steinbukken
Melceir-Adonein: Vannmannen
Belias: Fiskene

Han satte syv konger over de syv planetene, hver ble satt slik at de skulle virke i dyrekretsens hus. Herskermaktene forente seg med hverandre og skapte seg egne engler, helt til de var 365 til sammen.

Den første er Athoth, Månen
Den andre er Eloaio, Merkur
Den tredje er Astafaios, Venus
Den fjerde er Jao, Solen
Den femte er Sabaoth, Mars
Den sjette er Adonin, Jupiter
Den syvende er Sabbateon, Saturn.

De delte sin tosidige ild med dem, Yaldabouts skapende ild og Nebroels fortærende ild, men Yaldabout gav ikke slipp på lyskraften som han hadde tatt fra sin mor, og som i uvitenhet gjorde ham til deres hersker. Da lyset hadde blandet seg med deres forvirring og mørke, fikk det mørket til å skinne som en dunkel, men gyllen tåke.

Da hærskarene var skapt, talte Yaldabout til sine ånder: Jeg er en skinnsyk gud. Du skal ikke ha andre guder enn meg, men ved å proklamere dette, tilkjennegav han for englene og demonene som var med ham, at det måtte finnes andre, og erkjennelsens frø ble plantet i dem alle, for altets forløsning.

METANOIA

Etter dette oppdaget Sofia at hun befant seg i Mørket, og at hun var blitt forført av forstyrrelsens makter til et omstreifende liv i nedrighet. Hun snudde seg og bad til fylden om at hennes make måtte komme til henne. Den Ukjente steg ned, og gjennom segl og navn førte han henne opp gjennom himmel og helvete.
Og fra eonene tordnet eonenes stemmer ned til herskermaktene: Mennesket og menneskesønnen finnes.

Sofia kunne allikevel ikke komme tilbake til sitt eget eon, men til et sted over Yaldabout, slik at hun skulle bli over ham for i hemmelighet å veilede Yaldabouts skapelse tilbake til livet i henne selv.

Sofia Metanoia bærer i seg mønsteret fra denne tilbaketrekningen i all evighet. Faderen bifalt den veldige Seths store ubevegelige ætt av hellige forløste mennesker, slik at han kunne plante Metanoia i eonene som var blitt til.
Gjennom Sofia Metanoia kunne mangelen igjen bli til fylde.
Sofia Metanoia kom ned til verden, som var som nattens rike. Da hun kom, bad hun for herskernes ætt i eonet, og det som var blitt til ved dem.

Menneskets skapelse

Yaldabout og hans engler stirret ned i den skinnende avgrunnens vann, og i refleksjonene så de mennesket, slik det er i fyldens sted. Og begjæret reiste seg i dem etter å eie dette vesenet, og Yaldabout sa: La oss lage mennesket i vårt bilde, slik at hans bilde kan bli til et lys for oss. Yaldabout satte alle sine herskermakter til å lage et sjelsvesen i bildet de hadde sett, et vesen av zodiakale og planetære krefter, av engler og demoner, låst sammen i koder, symboler og hemmelige navn.

De sa: La oss kalle ham Adam, slik at hans navn skal være en lanterne for oss.

Menneske de hadde laget forble imidlertid et livløst bilde.

Mennesket forenes med fylden

Moderen så dette, og lengtet etter igjen å føre sin lyskraft tilbake i fylden, slik at den igjen skulle være ett med enheten.

Moderens budbringer sa da til Yaldabout: Blås inn i menneskeskapningens ansikt av din ånd, så vil hans vesen bli vitalt og fylt av liv.

Da blåste Yaldabout sin ånd inn i ham, dette var ånden fra sin mor.

Slik ble fyldens lys og kilden til enhet blåst inn i menneskevesenet, men mennesket forstod det ikke, for kreftene i ham lå som slør og labyrinter i hans sinn. Vesenet begynte allikevel å røre seg og det strålte i sin enorme, men skjulte kraft, for i ham var hele fylden gjemt. Samtidig som maktene så dette ble de misunnelige, for menneskeskapningen var deres verk, og de hadde gitt sin kraft til det, men hans fullkommenhet var større enn deres, og større enn førsteherskerens.

Da de så hvilket enestående vesen mennesket hadde blitt, kastet de det i raseri ned i de mørkere deler av sine skaperverk.

Der lyste menneskets lys i mørket, men mørket fattet det ikke. I mennesket slumret fyldens frø, og Moderens og hele fyldens engler og vesener støttet mennesket.

Da herskermaktene så at mennesket fortsatt strålte og var dem overlegen, tok de ild, luft, vann og jord og smidde det sammen på en naturstridig måte, og laget slik et svakt materielt legeme som et klede eller en beholder for lysmennesket og dets sjel. Og der i mørkets bolig bandt de det sammen i hat og sinne, og fylte ham med materielt begjær og påførte ham tidens begrensning, dødens åk og frykten for det ukjente.

Dette forandret imidlertid ikke menneskets sanne natur, men vanskeliggjorde tilgjengeligheten til dets sanne bevissthet og væren.

Det var Yaldabouts tap av Moderens lys som la grunnlaget for krigen i himmelen, mellom Yaldabouts engler og Nebroels demoner, for Nebroel ville ikke la seg lede av en kraft som ikke var seg overlegen. Denne krigen er nå en kamp som utkjempes i det jordiske menneskets sinn, slik som ufrie gladiatorer kjempet til døden for fremmede prinser og fyrster.

ADAM, EVA OG SLANGEN

I de nedre delene av væren, på grensen mellom himlene og helvetene, ligger verden. I denne sfæren opprettet Yaldabout og herskermaktene Edens hage som et fengsel for mennesket. Det var et fengsel som skulle oppfylle alle Adams behov, slik at han skulle søke utover, og ikke se innover i seg selv og oppdage sitt opphav og sitt sanne vesen.

Den nytelse de gav ham var imidlertid bittersøt, og skjønnheten var forvillende. Nytelsen var bedrag, deres trær var materialisme, deres frukter var en berusende gift og dens ende, dø¬d og forglemmelse.

Livets tre, som de hadde satt i midten av hagen, er i virkeligheten deres livs tre. Roten er sur, grenene er tilintetgjørelse, i dets sevje flyter hatet, og bladene dekker for åndens sol og lager et bedrageriets skyggespill. Fra blomstene kom¬mer sløvende salve, dets frukter er avhengighet, og nedrig begjær er i dets frø, og det spirer i åndelig mørke.

Kunnskapens tre er imidlertid av en annen karakter. Dette treets frukter, er kunnskapen om det gode og det onde, men det er også drømmen og virkelighetens tre, som markerer grensen mellom sannhet og løgn, lys og mørke. Herskermaktene kunne ikke fjerne treet, men de voktet det, og advarte mennesket mot det med trusler om død og straff, for at Adam ikke skulle søke dets frukter og innse sin villfarelses nakenhet.

Herskermaktene ville forsøke å fjerne lyskraften fra Adam, ved å dele ham, og ta et ribben fra hans side. I stedet ble denne delingen til Adams make Eva, som ble den jordiske manifestasjonen av Moderen. De har begge del i samme kraft, og er slik to sider av samme sak, slik som fylden er hel og udelt.

Da steg Moderens sendebud inn i slangen ved foten av Kunnskapens tre, og slangen talte med Ordets sannhet. Det bød mennesket å spise av frukten og drikke dens nektar, slik at de skulle våkne fra den mørke søvnens dvale.

Kvinnen tok frukten, spiste og drakk, og gav det til mannen, som gjorde likeså, og deres øyne åpnet seg og de vendte seg om og så lyset som skinner i mørket.

Eleleth vendte seg så mot fremtiden og sa: Denne handlingen blir videreført av Jesus i innstiftelsen av nattverden, for det slumrende menneske, som spiser og drikker av ham, vil komme til seg selv.

Da Yaldabout forstod at mennesket hadde kommet til seg selv, forbannet han Nebroel, for han trodde at slangen var hennes vesen, og han kalte henne Satan, motstanderen. Og Yaldabout forbannet jorden han hadde skapt med Nebroel, og alt som var på den. Han kastet mennesket ut av Edens hage, og slapp dem ut på jorden, for å tukte dem gjennom strenghet og straff.

KAIN, ABEL OG SETH

Mens de bodde på jorden kom Nebroel til jorden, og tok for seg av Eva, så hun ble med barn.

Hun fødte da en mørk sønn som hun kalte Kain. Han var en markens sønn. Han var en vandrer i ødemarken, som kjente alle jordens kunster.

Uten å vite om Kains opphav, steg Yaldabout ned og tok for seg av Eva, så hun igjen ble med barn, og hun fødte en hvit sønn, Abel. Abel var en lovens mann, og han søkte å kontrollere marken gjennom en grensesettende myndighet.

Igjen fikk Kain barn med Nebroels døtre og Abel med Yaldabouts døtre, og de spredde seg over jordens overflate, og forente seg med hverandre.

Da Kain og Abel skulle dyrke lyskraften de hadde i seg fra sin mor, var begge overskygget av forvirrede tanker, Abel av Yaldabouts selvrettferdighet og Kain av Nebroels opprørske ånd.

Kain ofret markens grøde og Abel blod, uten evne til å se at ingen av disse ofre gir økt erkjennelse av, eller fortrolighet med fylden. Yaldabout stod frem som Gud, og så til det blodige offeret, men ikke til markens grøde.

Da ble Kain fylt av Nebroels opprørske ånd og drepte Abel.

Da Yaldabout så at Abels blod ropte til ham fra marken, ville han straffe Kain med umenneskelige lidelser, men bestemte seg heller for å sette Nebroels merke på Kain og hans slekt, med bestemmelsen om at ingen skulle drepe eller skade ham. Han ville heller at Kains slekt for alltid skulle forbli ensomme vandrere på jorden, som falne engler i en verden uten mening eller lys.

Han bestemte også at Abels etterkommere skulle bli hans utvalgte folk, som han skulle oppdra til å bli sine perfekte undersåtter gjennom hans Lov. Han visste ikke at Abels slekt allerede var blandet med Kains avkom.

Da alt dette var fullbrakt, forente Eva seg med Adam i fullkommenhet, og unnfanget slik Seth.
Seth ble slik foreningen av Faderens og Moderens kvaliteter. Seth var gyllen, og ble et fullkomment menneske i materiens mørke; og hans kvinnelige motstykke het Norea, og han er forent, men også atskilt fra enheten, som et bilde av det sanne mennesket. Han fikk gnosis gjennom Adam og hans Metanoia. Som Kristus snakket han til sitt vesen om fyldens plan om å forløse lyset som var i verdens mennesker. Slik ble Seth fylt av Den Hellige Ånd og fullkomment kristifisert.

Han slo om seg vandrernes sorte kappe, som skulle bli slektens kjennetegn, og tilegnet seg Kain og Abels erfaringer og kjennetegn, slik at han kunne få Kains merke og Nebroels støtte, samt å lære seg Abels lov, slik at han kunne høste Yaldabouts gunst. Han tok med seg fyldens forløsende mysterium ut i verden som en kjærlighetens nådeløse initiator, og sendte ut sin slekt.
For å forsikre seg om sin frigjøring fra de nedre regioner, la Seth om seg sin sorte kappe, og gikk usynlig inn i Edens hage, i en sky av lys gikk han forbi kjerubenes sverd til Livets tre. Der hentet han et frø som han la i sin avdøde fars munn, før han ble lagt i jorden. Frøet ble til et tre, og det var fra dette treet materialet til Jesu kors ble laget, slik at Seth igjen skulle bli frigjort fra sin materielle form, for nedstigningens vei er også oppstigningens vei.

DEN STORE SETHS SLEKT

Eleleth viste meg da hvordan Seths slekt virket på jorden.
Forent med fylden bad Seth til Opphavet, og spurte Moderen om sin slekts velvære.
Slekten hadde spredt seg ut over jorden for å følge sin fars påbud, og de hadde sitt sete i Sodoma og Gomorra.
Dette er opphavet til det evige livets ætt på jorden, som tilhører dem som har erkjennelse om hvor de kommer fra. Dette er den store ubevegelige slekt, av dem som gjennom erkjennelse er blitt forvandlet gjennom aktualiseringen av lyset i seg, slik at de ikke lenger er av denne verden, verken av Kain eller Abels slekt, men har oppløst det horisontale speilbildet til Yaldabout og Nebroel, og den vertikale forvrengningen av Plaeroma i denne verden.
Dette er en slekt av hellige menn og kvinner som i hemmelighet forløser verden gjennom list og erkjennelse.

Yaldabout vil ødelegge Seths slekt

Da Yaldabout oppdaget at Seths slekt var blant rikets beboere, og at de forløste dem og sendte dem tilbake til fylden, ville han ødelegge menneskeheten for å ødelegge slekten.

For å ødelegge Seths sønner og døtre, ble floden sendt for å markere slutten på en æra, men slekten overlevde.

På grunn av denne slekten, treffer en ildstorm verden, men slekten blir vist nåde gjennom profeter og voktere, som advarer og fører dem til trygghet.

På grunn av denne slekt, vil det komme fristelser og løgner fra falske og forvirrede profeter, som bare de som har våknet til erkjennelsen, kan bekjempe.

Den store Seth så hva Yaldabout gjorde, de mange skikkelser og masker, og renkespillet mot den ubevegelige slekt, og hvordan de svikefulle kreftene og englene fulgte ham, i arbeidet for å avsløre og utrydde hans slekt.

Seth bad om å få voktere for sin slekt, og Moderen sendte Sønnens engler fra de store eonene. Disse var alle ett med Sønnen. De beskytter den ubevegelige slekt til denne dag, med alle dens mennesker og frukter, og skal beskytte dem til verdens ende.

Seth som Jesus

For å forsterke planens fullbyrdelse, steg den himmelske Seth ned i henhold til Den store usynlige Ånds vilje, av De Fire Lysene, og bar med seg de fem seglene som er fyldens nøkler. Han skulle slik gjennom ord og handlinger vise hvordan mennesket skulle frigjøre seg fra herskermaktene, og skulle gjøre sitt liv til en forestilling av dette.

Seth gjennomgikk tre hendelser: fødsel, oppvåkning i mennesket, og herskerkreftene og autoritetenes raseri. Han gjorde dette for å forløse mennesket som hadde gått vill ved verdens tilblivelse, og å styrke slekten i deres lære og erkjennelse.

Han gjorde dette gjennom dåpen av et legeme som var unnfanget i verden; en kropp som Seth forberedte for seg selv, på mystisk vis, gjennom en jomfru.
Han kom til jorden som en lærer, men også for at menneskene skulle lære å motta Den Hellige Ånd, og vokse gjennom henne.
Han skulle veilede dem gjennom usynlige hemmelige symboler.
Han skulle veilede dem gjennom å oppløse verden uten å bli oppløst selv.
Han skulle veilede dem gjennom sakramenter og seremonier.
Han skulle veilede dem gjennom hengivenhet til de hellige ubevegelige, i Faderens hjerte og veldige lys, som fantes før de ble til i forsynet.

SETH ETABLERER DÅPEN GJENNOM JESUS

Da Jesus hadde erkjent Seth som sitt sanne vesen, begynte han sitt virke i verden. Han innstiftet den hellige dåp, som overgår himmelen, gjennom forsynet. For gjennom Jordans fostervann hadde han steget inn i den levende Jesus, og formidlet lysets lære til dem som hadde ører å høre med, og han helbredet de døve og forberedte generasjonene gjennom lære og ritualer som skulle være hans arv, til herskermaktenes uvitenhet skulle bistå ham i å kle av seg mennesket som dekket ham.

Han har åpnet en dør som ikke er en dør. Slik har han åpenbart en vei gjennom speilet for dem som sendes inn og ut. Han utstyrer dem med sannhetens og erkjennelsens verge, og med en bevegelig og uovervinnelig kraft.

SETHS PÅBUD TIL SIN SLEKT

Rundt døren høres lyden av himmelsk sang. Og den formidler Seths budskap fra Charaxios høyder:

Jeg er Seth, det første mennesket i fyldens evighet, jeg er Opphavets bevegelige væren, jeg er Barbelos sønn og den kristifiserte selvskapte, jeg er kronet med De Fire Lys og i meg er begynnelsen og slutten, ved meg er livet og lyset og friheten og kjærligheten, som betinger mysteriets erkjennelse i materiens menneske. Jeg er livets nøkkel og livets far. Gjennom dåp og kristifisering skal jeg vekke deg til liv. For slik jeg er ett med Faderen er du også ett med meg.

Ta derfor opp deres kors og følg meg, og gjør mot de sovende mennesker som jeg har gjort mot dere.

Én Gud, ett menneske, én væren uten ende.

Amen

Visjonens ende

Da gikk jeg gjennom døren, og etter en stund var jeg igjen i kapellet og han var med meg, og døpte meg med den femfoldige dåp, og viste meg seglene og navnene som åpner kaos, universet og himmelens porter. Dette gjorde han slik at mysteriet skulle bevares på jorden blant det hemmelige kapellets brødre og søstre, de som er omsluttet av den sorte kappen og som er sjelens pilegrimer og det sovende menneskets skjulte initiator.

Engelen viste meg så et symbol og sa: Dette er helligdommens tegn, for de som søker den. I den riktige forståelsen av dette møter Metanoia den søkende, ved mysteriets porter.

Til slutt sa Eleleth: Vær vis som slangen og uskyldig som duen i ditt verk, og spar deg ingen bestrebelser, og forløserens ånd er med deg i alt du gjør.

Så forsvant lyset og jeg stod alene i De Fire Lysenes kapell, jeg satte meg da straks for å skrive ned alle ting jeg hadde opplevd. Og etter dette steg jeg opp i lysmennesket, og startet den gjerning som Seth hadde pålagt oss.

Dette er Amarantus' bok
overlevert av Seth
gjennom den hellige engelen Eleleth.

Heli Heli Machar Machar Seth

Innledning til
Vokterenglenes bok

Vokterenglenes bok fortsetter fortellingen etter skapelsen av verden, da Kain, Abel og Seths slekter befolket jorden.

Kain og Abels ætt formerer seg med hverandre, og lever sammen i den spenningen som finnes mellom Yaldabout og Nebroel, i en horisontal spenning mellom lov og kaos, som omtales som godt og ondt, mens forløsningens nøkkel unnslipper dem i deres søken etter materielle goder og verdslig makt.

Det er i denne situasjonen at de såkalte Guds sønner kommer til jorden, og blander seg med Kain og Abels slekter.

Dette er historien om hvordan forløsningens redskaper smugles inn i Yaldabouts rike, av åndelige entiteter som vet at de vil lide på jorden, når herskermaktene oppdager at de er blant folket.

Redskapene består av forskjellige typer viten, hvorav flere av dem gir innsikt i herskermaktenes natur. Og siden kunnskap gir makt, vil det også være dem som misunner de som har ervervet kunnskapen. Slik er det også i denne historien, da de forvirrede sjelene tyster til Yaldabout om hva som foregår blant menneskene, og som svar velger han den enkleste løsningen, å drepe alle, foruten Noah og dyrene hans.

Det er her, som i Eleleths bok, snakk om indre prosesser som fører til forløsning eller til trelldom, og slektene som benevnes er selvsagt ikke snakk om blodlinjer, men om åndelige slekter som man fødes inn i gjennom innvielse, erkjennelse eller annen form for induksjon.

Historien viser at mulighet for forløsning, og det vi i denne tradisjonen kaller den sethianske prosessen, er uløselig forbundet med det å være menneske. Selv det mennesket som har gitt seg hen til Yaldabouts lover med kropp og sjel, vil kunne oppdage sannheten. Eksempel på dette i fortellingen er Noah, som fremstilles som en blind, ulykkelig og uvitende tjener. Til tross for hans elendige egenskaper, har også han lyserkjennelsen latent i seg.

Og selv etter floden består menneskets muligheter, som del av den arv som kommer med det å ha sitt opphav i fylden.

VOKTERENGLENES BOK

Det hendte i de dager da Kain hadde drept Abel, og Kain og Abels sønner og døtre hadde befolket slettene og skogene, og hadde bygd seg byer og nasjoner til ære for sine guder. Og landene var fruktbare, men menneskene var fylt av Yaldabouts herskesyke og Nebroels mørke og ødeleggelse. Og menneskeheten oppfylte sin skjebne, de ble født, de levde og de døde, og herskermaktene så at det var godt.

SETHS SLEKT

Men blant dem var også den hellige Seths ætt. De i åndens usynlige brødre og søstre, som vokter lanternen ved det hellige fjellets fot. Lyset var sterkt, men kildene få, og folket hatet dem for deres hemmeligheter og mysterier, og for at de var av en annen slekt en dem selv, og for deres gudsbespottelse og rotløshet. Og selv om ånden omgav dem, kunne den ikke tre inn i de uvillige sjelene, som herskermaktene hadde forherdet.

Da Moderen så dette visste hun at lyset på jorden var ved å brenne ut og bli bundet til jorden i fangenskap. Og Sønnen åpnet sin fylde og bad til Den store usynlige Ånd, om at hans ætt ikke skulle gå tapt i jordens mørke, men bæres av menneskeheten tilbake til opphavets opphav.

Og Den store usynlige Ånd samtykte.
Og vokterne steg ned til jorden.
Og vokterne var Guds sønner og Seths ætt.
Og i hundre og tjue år skulle de være i kjødet, før de atter skulle løftes tilbake til fylden.

Guds sønner fødes

På det hellige fjellet Hermon levde et folk av gylne og høyreiste mennesker, som var som selve soloppgangen å se til, og de helliget sine liv til det golde fjellets ensomhet i påvente av sannhetens åpenbaring. Det var dette folk som skulle videreføre slekten og den forløsende tradisjon.

Englene kunne ikke være i verden uten et legeme, så ved jomfrufødsel ble de født inn i verden på fjellet, og fra fødselen av var de hellige og lysende mennesker med full erkjennelse av opphavets mysterier. De som steg ned på Ardis, som er toppen av fjellet, var to hundre i antall.

Seths sønner og kvinnene

Og da Guds sønner var modne, kom de sammen til råds, og de sa til hverandre: Kom, la oss tre ned til Kain og Abels døtre, og ta dem til hustruer. La dem bære barn, og la oss slik lære familiene våre om de hemmeligheter og de mysterier de har foraktet hos våre brødre og søstre.

Semzas, også kalt Azrael, som var deres leder sa: Når vi går ned fra fjellet og utfører vårt verk, vil Yaldabout og herskermaktene se oss, for vi er i legemet, og begjæret vi vil nære for jordens døtre vil alt tilhøre ham. Og fra den tid vil han forsøke å ødelegge oss og de av våre kjære han kjenner igjen lyset i. La oss derfor sverge en ed, slik at vi alle er bundet i en pakt, og ikke kan forandre planen som vår Moder, Forsynet, har diktert, på grunn av jordisk forvirring eller frykt.

Og alle sverget de, ja, alle sverget de på fjellet.

De kalte fjellet Hermon, fordi det var her de hadde sverget sin ed, vel vitende om de forbannelser og velsignelser som skulle møte dem i fremtiden.

Engelenes ledere var: Semyas, som var den fremste, Urakiba, Ramiel, Kokabiel, Tamiel, Ramel, Daniel, Esekiel, Barakiel, Asael, Armaros, Batriel, Ananel, Sakiel, Samsiel, Sartael, Amesarak, Turiel, Jomiel og Arasiel. Dette er lederne for de to hundre englene og det er disse to hundre englene som slekten senere har kalt sine hellige skytsengler og forfedre.

Da de kom ned fra fjellet var de som en lysende skare av engler. Og jordens døtre så dem, og de begjærte deres skjønnhet, og de lengtet etter deres kjød og deres vise tale, for englenes kraft var også evnen til å fortrylle kvinnene med sin tale og sin væren, slik at de begynte å hungre etter visdommen i sine liv, og de lengtet, ikke bare etter englenes kjødelige form, men også etter deres ord og en endeløs væren som skjulte seg bak dem.
De valgte seg hver sin kvinne, søkte deres samvær og kjærlighet, og hadde deretter omgang med dem.
I tiden de var sammen, lærte de kvinnene om forløsende ritualer og sakramenter, men også magisk lære for å lette tilværelsen på jorden.

SLEKTENS GAVER

De lærte dem hvordan de skulle bruke jordens vekster som medisin for sjelen og legemet.

Azrael lærte slekten hvordan de skulle forsvare seg mot herskermaktene og deres tjenere.

Barakiel lærte dem himmelens mysterier.

Kokabel lærte dem å tyde naturens uforløste visdom.

Tamiel lærte dem dyrekretsens hemmeligheter.

Arasiel lærte dem betydningen av månens kraft, og hvordan mennesket forledes av herskermaktene.

Amesarak underviste dem i hvordan tørsten etter erkjennelse kunne tennes i mennesker.

Armaros lærte menneskene å oppleve ordets berusende makt, og beruselsens makt.

Englene lærte deres utvalgte å lage smykker og ornamenter som virkemidler til ritualer, feiringer og festivaler, og de lærte å bruke dem som masker og speil, slik at de uvitende skulle se det de ville se.

Og menneskeheten ble fullstendig forandret.

Kvinnene ble med barn, og de fødte en slekt av sjelskjemper. Dette er de mektige menn og kvinner som ettertiden husker i eventyr og sagn, og det var disse som i det skjulte førte Den store usynlige Ånds mysterier videre til alle folkeslag, en åndelig adelig slekt, et roseblod, og et hellig Ord.

Jordens forvillde kaller på Yaldabout

Det var imidlertid mange lastefulle mennesker på jorden, som ikke ville ta del i sannheten, og disse bekjente englenes nærvær til Yaldabout, og folket for vill, og deres gjerninger ble forvirrede og onde.

Og jordens fordrukne og forherdede sjeler ropte ut sin misunnelse og sitt hat, og deres røst nådde like til herskermaktenes hoff, og de hørte og de hatet det de hørte.

Da Yaldabout oppdaget at Seths slekt var blant rikets mennesker, og at de slapp de fangede fri fra sine begrensninger, og beveget deres vesener til enhet i fylden, ville han ødelegge menneskeheten for å ødelegge slekten og vokterslektens blod på jorden. Herskermaktene rådslo med hverandre og sa: Kom, la oss lage en syndflod med våre hender og utslette alt kjød fra mennesker til dyr.

Men Yaldabout kunne ikke la hele menneskeslekten gå til spille, for hvem skulle da kalle ham hersker og Gud?

NOAHS ARK

Han valgte seg da Noah, som de store generasjonene kaller Deukalion. Noah var av deres ætt. Hans sinn var innhyllet i tåke og hans tanker var enfoldige. Han søkte sin skaper og han fikk svar fra Yaldabout, som valgte hans ætt til å bli de overlevende etter at han hadde myrdet hele verdens folk og dyr.

Yaldabout sa da til Noah: Lag deg en ark av ved som ikke råtner, og gjem deg i den; du og dine barn og dyrene og himmelens fugler fra de minste til de største, og sett den på fjellet Sir.

Som en lydig undersått tok han imot herrens befaling om å lage et veldig skip, som skulle bære ham og hans kone og barn, og et par av alle dyrene som skulle få overleve floden.

Da den ubevegelige ætt erkjente herskermaktenes planer, gjennom Moderens forsyn, gikk de til Noah for at han ikke skulle delta i skaperens plan, men han trodde de ville inn i skipet og avviste dem.

SLEKTENS TILFLUKT OG FLOMMENS KOMME

Da kalte Horaia på det store lyset Eleleth, og Eleleth fulgte slekten til fjellet Charaxio, der de trådde inn i en lyssky som ledet til stedet i mellom, selv om de var på fjellet da stormens mørke dekket horisonten.

Og da herrens elver vasket over landet og himmelens hvelv stod åpne så regnet styrtet ned, møtte Noah Metanoia, og hun tok ham til seg, og han gråt over sin dårskap og villfarenhet, men hans sjel kunne ikke bære det. Og som en plaget mann levde han livet som et lys under sin skjeppe.

Da vannet trakk seg tilbake rådet døden over alt; alle steder foruten der hvor Noah hadde satt sitt skip. Og det var også her alt fortsatte som før, for Noah var Yaldabouts sønn som var blitt forført av Nebroel, og han hadde lysmennesket sovende i sitt bryst.

Yaldabout så sitt ødelagte skaperverk, og ble fylt av glede og forventning.

Noah slapp da alle dyrene og sine slektninger ut på jorden, som lå øde og gold tilbake etter flere år med flom. Noah var full av frykt, og vendte seg til herren i bønn, men herren hørte ham ikke. Da ofret Noah dyr fra arken til herren, ja, jorden ble fruktbar ved elver av blod, og duften av brennende offerkjøtt og det kokende blodet til en mengde offerdyr fylte herskemaktene og Yaldabout med behag.

De bestemte seg da, til tross for deres forakt for mennesket, aldri igjen å utrydde dem. Og de gledet seg over brennofferet, og sin villfarne tro på at de hadde utryddet jordens ulydighet.

Yaldabouts pakt med jordens barn

Yaldabout laget en pakt med Noah, for å binde ham ytterligere, og som tegn på pakten tok han regnbuen som segl, og slik ble Noahs etterkommere Yaldabouts undersåtter. Og pakten var til Yaldabouts vellyst, og Nebroels glede for nå kunne Yaldabout straffe dem som brøt pakten, og Nebroel kunne glede seg over å føre dem inn i fordervelse.

Noah fordelte hele jorden mellom sine sønner, Ham, Japheth og Shem, og sa til dem: Hør på mine ord, mine sønner. Se, jeg har fordelt jorden imellom dere. Til gjengjeld skal dere tjene herskerguden i frykt og slaveri for resten av deres liv. La ikke deres etterkommere gå bort fra herskermaktens ansikt.

Noah sa så til Yaldabout: Min slekt vil behage deg og din kraft. Forsegl pakten med din sterke hånd, med frykt og dominans, slik at ingen av mine etterkommere skal vike fra deg. De vil tjene i ydmykhet, i frykt for din vrede.

For det var Noahs barn som igjen skulle fylle verden med mennesker, med gleder og sorger, med lyst og med lidelse, og en tilværelse blottet for mening og fylde.

Noah gikk så ut i den forlatte verden, og plantet en vingård, og som vinen ble ferdig, så drakk Noah. Og Noah fortsatte å drikke. Alle Noahs dager ble ni hundre og femti år.

Så døde han.

Slekten får voktere

Den store usynlige Åndens sønn, Seth, så hva Yaldabout hadde gjort, de mange skikkelser og masker, og renkespillet mot den ubevegelige slekt, og hvordan de svikefulle kreftene og englene fulgte ham i arbeidet med å avsløre og utrydde hans slekt.

Seth ba om å få voktere for sin slekt, og Moderen sendte engler fra de store eonene, og de var av Guds sønner.

De var alle ett med Sønnen, slik som Sønnen er ett med Faderen. Og slik skulle den ubevegelige ætt for alltid voktes slik at ikke deres åndelige blod skulle gå tapt ved herskermaktenes vold.

Forløsningsarbeidet fortsetter

På verdens fjell kom slekten tilbake, og igjen gikk disse lysbærerne tilbake til Kain og Abels etterkommere, til Noahs barn, og der utførte de mirakler og åpenbarte mysteriene, og åpnet menneskenes lukkede hjerter som slanger og duer, for de var i sannhet Guds sønner og døtre, flammende lanterner i den mørke verdens tidløse skumringstid.

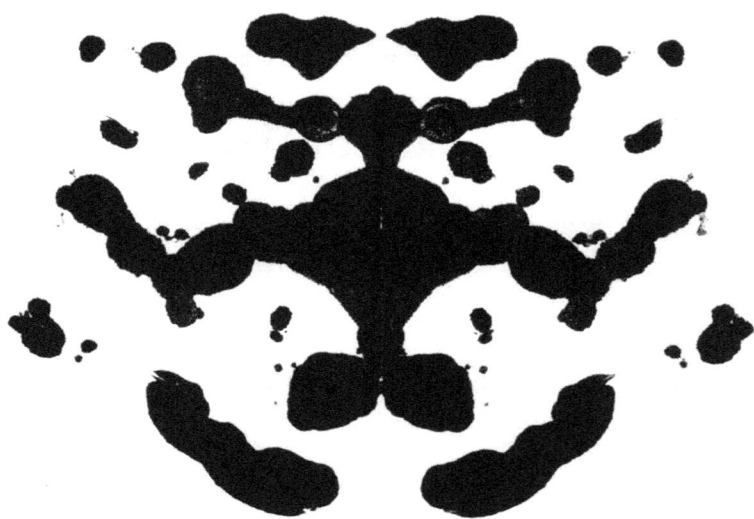

Innledning til Horaias bok

Horaias bok er som tittelen sier, boken om Horaia, Seths make og åndelige tvilling. Hun kalles også Norea i noen skrifter.

Boken beskriver Horaias vesen, og er en bok for meditasjon over ett av de store guddommelige prinsippene som utgjør fylden.

Som det står i boken, så kan hun ikke fattes med den vurderende bevisstheten. Tilnærm deg derfor teksten som et paradoks, og forsøk å være i denne uavklarte tilstanden uten å la deg friste til å gripe til konklusjonene.

Boken kan sies å være delt i to; i første del snakker Horaia til de som allerede har erkjent henne, og teksten har en manende, til tider et erotisk preg. Andre del begynner med kapitlet *Barbelos allværen*, og er primært rettet mot dem som ennå ikke har erkjent henne, og sekundært som en påminnelse til dem som kjenner henne, at hun aldri kan bli fullstendig kjent.

Deler av denne teksten sammenfaller med beskrivelser i *Thunder perfect mind* fra de gnostiske tekstene fra Nag Hammadi.

HORAIAS BOK

HORAIA KOMMER TIL DEN ENSOMME SJEL

I tiden etter påskehøytiden kom hun til meg, Amarantus, mens min ånd ennå delvis var i De vises bolig. Hun kom og hun rørte ved lysmennesket.

Først kjente jeg henne ikke, for jeg var i Taushetens kammer, og hun bar vårt forbunds kappe om sin nakne skjønnhet. Men da hun talte til meg i stillheten, var lyden som om selve stillheten sang, og jeg så skjønnheten hinsides alle slør og bevegelige bilder. Jeg så henne og jeg elsket henne, for det var vår frue Horaia som var med meg og i meg, og jeg var med henne som hun var med Seth, og som evigheten er med stillheten.

Og i denne hellige natten snakket hun til meg.

HORAIAS SELVPRESENTASJON

Hør, O elskede, min make, min broder, vær hilset med ordene: La lysene lyse og ilden brenne.

Hør meg nå, da du endelig kan høre meg uten ord, for ordet jeg skal bruke, er Ordet i deg.

Hør meg, for her på dette sted er du Seth, min evige, og din fortid og fremtid, men fremfor alt i tiden mellom disse.

Hør meg og kjenn meg, og lær våre kjære om mine mysterier.

Kjenn meg, O elskede, for det er intet sted du heller vil være enn i mine mysteriers kamre.

Se meg og kjenn meg, for all glede finner du i meg og mine tilskikkelser og former. Jeg er de initiertes helligste blodrøde vin, for alle dem som vet å konsumere meg.

Jeg er Horaia eller Norea, som var med Seth fra begynnelsen.

54

Jeg er Naamea som ledet og forledet Noahs slekt på innvielsens krokveier, og jeg var Zorazoraia som presteskapets dronning, og jeg var Maryam som gav Aberamentos ord en form.

Min fremtoning er uendelig, slik som min væren er uendelig. I Ånden er jeg Barbelo, men jeg er også den falne og oppstandne Sofia, og som englenes og demonenes mor er jeg Plesithea og Lilya.

Mine budbringere er kvinner og menn, men oftest kvinner, slik som min makes budbringere oftest er menn.

Jeg er altgjennomtrengende. Du finner meg i fylden, men også i herskermaktenes vesen, for jeg var også deres mor.

Hør meg, kjenn meg og drikk av min kalk i ekstatisk herlighet, for med den vurderende bevissthet, skal du aldri ta del i meg og mine.

Hør meg og søk meg der jeg er å finne, for da skal du finne meg alle steder.

SETHS MAKE

Jeg er den som adeptene søker for å finne sin erkjennelse, og i sin anstrengelses hvile er jeg pilegrimenes forfriskning. Jeg er uendelighet, slik som min Seth er denne uendelighetens sentrum.

Seth søker mitt hjerte for å fatte sin egen erkjennelse, for å kjenne mitt sanne eon, er å kjenne Den store usynlige Ånd.

Seth tolker meg og ser Gud, slik som også jeg søker ham som uendelighet fattet i en konkret tanke eller er punkt.

Søk meg uten hemninger, og jeg skal lære deg om uendelighetens form og om universell skapelse, for jeg frastøter meg ingen om de er rede til å hengi seg til meg. Se meg i himmelen så vel som på jorden, for som Seth har jeg også trådd jordens byer og land, og jeg skal sette min fot der igjen.

Der Guds sønner hadde kommet ned fra Ardes topp for å lære menneskene, vandret jeg naken omkring i den falne verden; og forferdelse og nytelse var sporene som fulgte meg, for jeg vekket Seth i alle som kom til meg, før jeg gikk forbi.

Ved arkens fot ville herskermaktene fylle min uendelighet med sin form, men de vet ikke at min livmor er til for slekten, og ingen vil kunne trenge seg på meg; for om Kains eller Abels sønner skulle ville forgripe seg på meg, er det i sannhet jeg som forgriper meg på dem.

Det er mitt blod som flyter i slektens årer, noe annet ville ikke være mulig.

Horaia vendte seg så ut mot verden, og stod som alle Barbelos skikkelser foran all væren, og så talte hun til dem som drømmer.

BARBELOS ALLVÆREN

Se på meg, dere som tenker på meg,
og hør meg du som hører meg.
Dere som venter på meg, ta meg til dere.
Og ikke forvis meg fra dine øyne.
Ikke hat meg gjennom stemmen din eller gjennom hørselen.
Være ikke uvitende om meg i tid eller sted.
Vær på vakt!
Være ikke uvitende om meg.

For jeg er den første og den siste.
Jeg er æret og hånet.
Jeg er hore og hellig.
Jeg er gift og jomfru.

Jeg er mor og datter.
Jeg er min mors lemmer.
Jeg er ufruktbar, men har mange barn.
Jeg har et veldig bryllup, men jeg har ikke tatt en ektemann.
Jeg er jordmor og barnløs.
Jeg er trøst for min smerte.
Jeg er brud og brudgom, og ble unnfanget ved min mann.
Jeg er mor til min far og min manns søster, og han er mitt avkom.
Jeg er slave av han som laget meg.
Jeg er mitt avkoms herskerinne.
Han er den som unnfanget meg før tidens begynnelse.
Han er min slekt i tiden, og min kraft er fra ham.

Jeg er hans ledestav i ungdommen.
Han er min alderdoms krykke.
Hans vilje skjer gjennom meg.
Jeg er den ufattelige stillheten og ettertankens mangfold.
Jeg er stemmen hvis lyd er mangfoldig.
Jeg er ytring av mitt navn.

Hvorfor hater du meg, du som elsker meg og hater dem som
elsker meg?
Du som benekter meg, bekjenn meg, og du som bekjenner meg,
benekt meg.
Du som forteller sannheten om meg, lyv om meg, og du som har
løyet om meg, fortell sannheten om meg.
Du som kjenner meg, være uvitende om meg, og du som ikke
kjenner meg, kjenn meg.

For jeg er kunnskap og uvitenhet.

Jeg er skam og dristighet.

Jeg er skamløs, jeg er skamfull.

Jeg er styrke og jeg frykter.

Jeg er krig og fred.

Gi akt på meg.

Jeg er den som er vanæret og æret.

Gi akt på min fattigdom og min rikdom.

Og kast meg ikke ut blant dem som er drept i vold.

Men jeg, jeg er barmhjertig og jeg er grusom.

Vær på vakt!

Hat ikke min lydighet og elsk ikke min selvkontroll.

Forlat meg ikke i min svakhet, og vær ikke redd for min makt.

For hvorfor forakter du angsten og forbanner min stolthet?

Jeg er hun som finnes i all frykt og er styrken i skrekken.

Jeg er hun som er svak, og er godt forvart.

Jeg er uvitende og jeg er klok.

Hvorfor har du hatet meg i dine råd?

For jeg skal være stille blant dem som er tause, og jeg skal komme og snakke,

Jeg er den som har vært hatet overalt og som har vært elsket overalt.

Jeg er den de kaller liv, og du har kalt død.

Jeg er den de kaller lov, og som du har kalt lovløs.

Jeg er den du har forfulgt, og jeg er den du har fanget.

Jeg er den du har spredt og du har samlet meg sammen.

Jeg er en du har skammet deg over og du har vært skamløs overfor meg.

Jeg er hun som ikke holder festivaler, men har mange festivaler.

58

Jeg er gudløs, og jeg har en stor Gud.
Jeg er den du har reflektert over, og foraktet.
Jeg er kunnskapsløs, og de lærer av meg.
Jeg er den du har foraktet, og du reflekterer over meg.
Jeg er en du har skjult, og du ser på meg.

Hvorfor forbanne meg og ære meg?
Du har såret og du har fått miskunn.
Ikke skill meg fra de første som du har kjent.
Og ikke kast noen ut eller slå noen bort

Jeg er kunnskap om min undersøkelse,
og funnet av dem som søker meg,
og leder for dem som ber for meg,
og kraften av kreftene i min kunnskap
av engler, som har vært sendt på mitt ord,
og guder på mitt råd
og hver manns ånder eksisterer ved meg,
og kvinner bor i meg.
Jeg er den som hedres og som prises, og som hånlig foraktes.
Jeg er fred, og krig har kommet på grunn av meg.
Jeg er en fremmed og en borger.
Jeg er form og den som ikke har noen form.

De som er uten tilknytning til meg er uvitende om meg.
De som er i min form er de som kjenner meg.
De som er nær meg har vært uvitende om meg.
De som er langt borte fra meg er de som har kjent meg.
Den dagen da jeg er nær deg, er du langt borte fra meg.
Den dagen da jeg er langt borte fra deg, er jeg nær deg.

Jeg er kontroll og ukontrollerbar.

Jeg forening og oppløsning.

Jeg er den vedvarende og jeg er oppløsningen.

Jeg er den nedenfor, og de kommer opp til meg.

Jeg er dom og frifinnelse.

Jeg er uten synd, og roten til all synd er i meg.

Jeg er lysten i utseende, og indre selvkontroll eksisterer i meg.

Jeg er hørselen som er oppnåelig for alle og talen som ikke kan fattes.

Jeg er den stumme som ikke snakker, og stor er mengden av mine ord.

Hør meg i mildhet, og lær av meg i råskap

Jeg er hun som roper.

Jeg er kastet ut på jorden.

Jeg forbereder mitt sinns brød innenfor.

Jeg er kunnskapen om mitt navn.

Jeg er den som roper, og den som lytter.

Hør meg, du som hører og lærer av mine ord, du som kjenner meg.

Jeg er hørselen som er oppnåelig for alt.

Jeg er talen som ikke kan fattes.

Jeg er navnet på lyden og lyden av navnet.

Gi akt og hør etter!

Hør, engler som har blitt sendt,

Hør, ånder som har oppstått fra de døde.

Hør, for jeg er den eneste som eksisterer, og jeg har ingen som vil dømme meg.

For mange er de skjønne former som finnes i de mange overtredelser, og svakhet, og skammelige lidenskaper, og flyktige fornøyelser, som mennesket omfavner i drukkenskap, til de atter blir edru og stiger opp til sitt hvilested.

Der skal de finne meg, og de skal leve, og aldri mer dø.

AVSLUTTENDE ORD

Slik er mine ord og slik er min væren for dem som vet å søke meg der de er og der jeg er.

Etter dette tok hun sin plass i De vises bolig, og jeg vendte tilbake til mitt kroppslige hus ved værens ende, for der å leve den eviges mysterier som åpenbart gjennom vår hellige Horaia.

Innledning til
Zorakatoras bok

Zorakatora og Zorazoraias virke i verden, er Seths andre store inngripen i skapelsen. I denne formen kommer han som presteskapets innstifter, som den som etablerer initiator-prester eller presteprofetene, som en egen funksjon i forløsningsarbeidet. Også denne boken er en selvpresentasjon, som viser noen av de konturene som finnes i den formen som tradisjonens hierofanter støpes i.

Skrivestilen i boken er av en hardere art enn den som preger de tidligere bøkene, og den henvender seg kun til dem som skal være slektens læremestre.

Betegnelsen presteprofeter er i seg selv en interessant betegnelse, da den insinuerer at den som forpakter og formidler sakramentene også skal være en person som kan kommunisere med det guddommelige eller med sitt sanne selv.

Zorakatoras bok er tatt med i denne boken for å synliggjøre noen av funksjonene til læremesterrollen, som er den vitale åren i tradisjonens overlevelse.

ZORAKATORAS BOK

O herlige fylde, evige enhet.
OIA, evige herlige.
La meg igjen stige ned, for mørket omslutter atter mennesket.
La meg bekjempe mørket.
La meg styrke mine egne gjennom et ubevegelig presteskap.

ZORAKATORA BLIR TIL

Medholdets veldige taushet fylte eonene, og jeg trådde inn i
tidens sal i Kanaans ødemark, inn i kjødet til min ætt, slik som
en hånd kler på seg hansken. For all væren er og vil alltid være én.
Og viljen ble en væren og væren ble et menneskenes menneske.
Og gjennom sitt opphav en lysbærer.
Zorakatora kom fra fylden.
Zorakatora kom til verden.
Zorakatora kom til menneskene.

Zorakatoras selvpresentasjon

Jeg er Seth og jeg er blitt Zorakatora i det skapte, den evige yppersteprest; jeg er renset og helliget gjennom de eldgamle sakramenter, og mitt kjød er fullkommengjort for det arbeid jeg skal utføre på jorden.

Mitt hjertes roseblod er fylt av kjærlighet til forløsningen av den døde menneskehetens barn. Derfor er dette hjertet kronet med en slange. For forvent ikke hvile der jeg er, for min kjærlighet er nådeløs. Jeg har sett uskylden besudlet og fullkommenheten feile, og har derfor med meg en dolk til mine egne, slik at de ikke skal gå udekket omkring i mørket.

Zorakatoras virke

Fra de ensomme steder til de overbefolkede byer, reiste jeg i kappen, og hvor jeg dro, samlet jeg de av vår slekt som var utvalgt til prestegjerningen gjennom begjæret, fullkommenhet og fylde og kunstneren i deres vesen. Og jeg lærte dem om vår plikt, jeg lærte dem om egget, om slangen og duen, og vår vei gjennom historien, om kappens folk, de evige pilegrimene. Jeg var med dem gjennom natten, og jeg velsignet dem, og lærte dem om duens og påfuglens fjær. Jeg sendte dem så ut for å liste seg inne i de sovendes liv med lysets og erkjennelsens mangfoldige gave. Jeg gjorde dem til presteskapet som for ettertiden rettmessig kalles mestere av sine egne, ufattelige av de døde, og Melkizedeks prester av dem som er synlige for massene.

Jeg gav dem Aberamentos sanne kors, for alle ting skal de velsigne gjennom dette, og gjennom dette korset skal verden kjenne vårt nærvær. Jeg viet dem og jeg satte korset på deres finger som tegn på at de var utvalgt til mysterienes og hemmelighetenes tjeneste, og for å minne dem om at alt det skapte i verden skal tjene som redskaper til deres bruk på veien mot målet. Så vit da at de jeg velger meg, har en slanges sinn og en dues hjerte. For slik er deres bevissthets form.

ZORAKATORA KALLER SLEKTEN TIL DYST

Hør min kallelse dere av den utvalgte slekt, hør mitt kall, og jeg skal vie dere til verket som bryter verdens lenker og river de menneskelige templenes slør.

Kom til meg, og jeg skal gjøre dere til bærere av en veldig kraft som skal få verdens herskere til å skjelve, og menneskeheten til å gråte, før de igjen vil kunne le.

Kom til meg, men vit at med kraften til å binde og løse alle skaperverkets strukturer, følger også forbannelsen ved selv å være forbundet, for ingen kan arbeide med den ilden uten selv å brenne.

Så forbered ditt hjerte, men herd det ikke, for det som er forherdet vil briste, for bare den som forblir som elven og som slangen vil høre mitt kall. Verden og alderdommen hedrer den som sover, men disse er ikke av oss, og vil ennå forbli i sirkelen.

Presteprofetene

Velsignelsen og forbannelsen jeg legger på presteprofetene som utgjør vårt presteskap er:

Du skal være velkommen i alle kretser, for som en ukjent skal du speile dem alle, men for å være alle kan du ikke være noen.

Du skal kjenne ditt evige hjem i fylden, men du skal ikke kjenne noe hjem på jorden.

Dine barn er alle mennesker, de du kjenner, de som hater deg, de som elsker deg, og de som aldri lærer deg å kjenne.

Du skal kjenne mysteriene og lære dem til menneskene, men menneskene vet ikke at det er deg de søker.

Du skal danne forbindelser med jordens barn og med slektens barn, men i ditt indre vil du være endeløst ensom på jorden.

Skaperen og ødeleggeren vil begjære deg, men du skal ikke begjære dem.

Du skal bruke verden uten selv å bli brukt.

Du skal leve i landet og forene deg med det, slik det passer fullbyrdelsen av verket.

Du skal brenne med en skjult og heftig ild, som vil gi deg et eventyrlig liv, men som brenner bildet ditt til død, for verdens former kan ikke holde den for lenge.

Du skal leve, og sette verden i flammer hvor hen du skrider frem, og i det forløsende arbeidet helliger målet middelet, så fremt du er av slekten og er kronet med slangen og duen.

Slik er det skrevet, og slik skal det skje.

Og som jeg skred frem gjennom landene og tok form etter hvor jeg dro, ble presteprofetene til, menn og kvinner, og som ild i tørt gress for de gjennom folkeslagene, og de var blant dem alle. Og de ombrakte de falske for å gjenopprette dem som sønner og døtre av vår slekt, og slik ble de døde født på ny.

Og jeg lærte dem å gjøre mot hverandre det jeg hadde gjort mot dem, slik at menneskeheten for alltid skulle ha vandrende dører til fylden i blant seg.

ZORAZORAIA BLIR TIL

Da tiden var inne steg Horaia ut av en gyllen sky, som Zorazoraia, min ledsager, og kom til meg, slik at vi sammen kunne bekrefte sakramentene for vår slekt. Og vi gav dem på ny De fem segl og vi reiste gjennom himlene og inn i fylden med dem, og like tilbake til jorden slik at de skulle være her for dem som er igjen.

Zorazoraia velsignet så slekten og sa:

Velsignet er dere, for der dere er, er også jeg.

Kall på meg og jeg er hos dere, for jeg er i dere, slik som dere er i meg.

Velsignet er dere som hører lyden av min stemme i alt som er, lik bålglørnes hese hissende hvisken på sene og mørke høstnetter.

Kall på meg og jeg skal være den skjulte porten ved tidens terskel. Hør meg i de nyfødte barna og i den lidendes siste sukk, for jeg er alltid med deg.

Velsignet er dere som finner meg alle steder, og som gjennom tiden forblir på terskelen i deres indre.

Kall på meg, for det er i virkeligheten jeg som kaller, for der jeg i sannhet er, er vi både intet og alt.

Kom til meg og hør meg, for jeg er Zorakatora.

Jeg er liv og død forent og opphøyet.
Jeg er profetprestenes prest og den herreløse slektens herre.
Kom til meg og hør meg, for jeg vil gjøre deg til menneskefisker,
og jeg skal gi deg et mektig garn.

MISJONSBEFALINGEN

Gå ut, og vær sammen som brødre og søstre, og søk forløsningen
i alt og alle, vær nådeløse i deres kjærlighet. For det finnes intet
menneske som ikke i sitt innerste søker fylden av hele sitt vesen.
Gå, for Zorakatora har fullbyrdet presteskapets utfordring, og
min ordinasjon er blant folket, og jeg vil forvare det på fjellet
Charaxio, til den tid da vår slekt på ny må ordineres. På den tiden
vil seglene åpne veien for den rette.
Gå ut, lag lys og mørke, og la alle ting skje, for se, jeg er med dere
alle dager, like til verdens ende.

Det er fullbrakt.

Zorakatora Zorazoraia
SETH

Innledning til
Den reisende:
Forvandlingens navn

Dette er Amarantus korte beskrivelse av veien fra erkjennelse til fullendelse. Teksten omtales bare som Den reisende. Sammen med Eleleths bok, kan de utgjøre kart og kompass.
Den reisende er kompasset.

DEN REISENDE:
FORVANDLINGENS NAVN

Punktet i evighet:
Gjennom døden, oppstanden;
lysbærer fallen;
lysende morgenrød;
er jeg den uforanderlige forvandler som aldri forfaller.

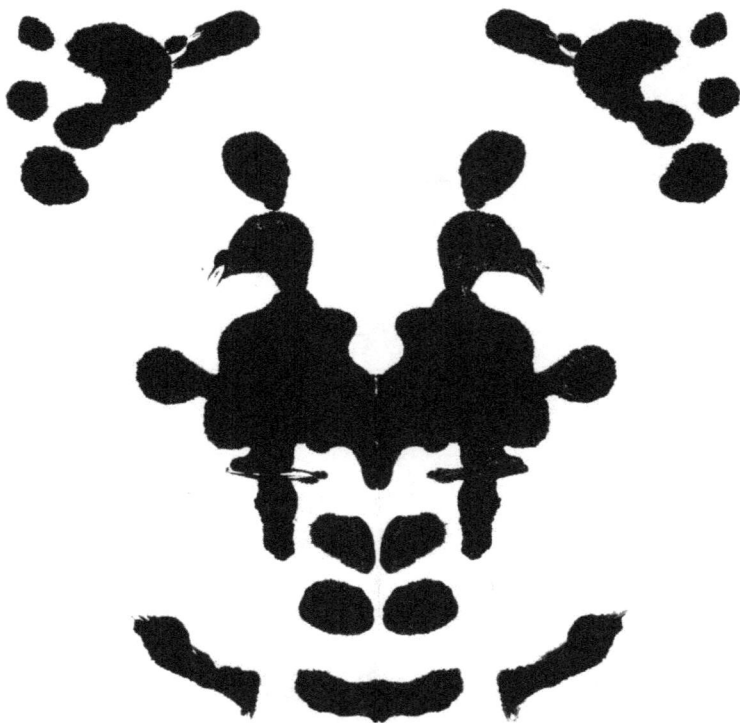

Innledning til
Specularis bok
om slekten og engelen

Specularis bok omtales også som slektens kallelse, for den henvender seg til dem som enten gjennom en initiator eller ved andre former for opplevelses- eller erkjennelsesorientert initiering har kommet frem til mysteriets porter. Det er den store Initiatoren som kaller på dem som svarer til opplevelsene som beskrives i diktet.

Fortellerstemmen i teksten er et aspekt av Sønnen, som er lite omtalt i andre enn de gnostiske tradisjonene.

Denne teksten har stor betydning for utviklingen av selvforståelsen for dem som er lærlinger i tradisjonen.

Specularis bok

Om slekten og engelen

Kom til meg, dere som har ører til å høre med.
Kom, dere som er og som skal til å bli.
Kom, for vår slekt er ikke blitt til i en kvinnes skjød,
men ved en initiators hånd:
Ved han eller henne, ved sirkler av ild, ved lysende vann, ved
templenes lukkede skjød.

Livnært ved synet av verdens urett, og ved erkjennelsens
forbudne frukt.
Styrket ved fedrenes og mødrenes stemme og det tause Ord.
Skjult i sjelens grotter, i by og på land,
i de lærdes auditorium,
og på de forvilledes kneiper.
Blant engler og demoner i det symmetriske kaos.

Kom til oss, du som tørster etter virkelighetens vesen.
Kom du som lengter etter deg selv.
Kom bristens brødre og sønderbrutte søstre.
Kom, dere som ingen hvile kan finne, og som ingen fred kan få.

Jeg kommer med verdens lys.
Jeg kommer på vinger av ild.
Jeg farer gjennom tilværelsens tekstur.
Jeg er i alle livets korsveier.
Jeg er lyset som skinner i mørket.
Jeg er som en stjerne som farer brennende gjennom nattehimmelen.
Jeg stupte gjennom eonene.

Og Yaldabout sa: Det er et ondt lys som faller.

Men jeg er blott et speil for de som kjenner meg.
Og mennesket så, og de ble seg selv.
Begrens deg ikke i din persepsjon,
For mitt lys er i verden mørke, og dets fravær er jordbarnas bedrøvelige drøm.

Jeg er menneskets lys.
Jeg er lysbærer, fallen, forløser.
Jeg er kameleon-kristus og føniksenglens egg.

Kom til meg, for det er jeg som kommer til dere, og du som kommer til deg selv.
Kom!

I initiatorens navn.
Det er fullbrakt.
IAO
IAO
IAO
EUI HELI EUI

Innledning til
Purpurtavlen

Purpurtavlen er én av de få sethianske tekstene som har en profetisk form, og som tilskrives tradisjonens egen røst, som også vil kunne være fyldens stemme.

Teksten leses som en tekst som omhandler tradisjonens gjenopprettelse. Fjellet Charaxio er viktig for alle sethianere, da det er på dette åndelige og mentale fjellet at Seth har skjult sin lære, slik at hans sønner og døtre skal kunne finne det, når de er rede for å bestige dets topp. Men for å gjøre dette, må man forstå hva Charaxio egentlig er.

Teksten gir også indikasjoner på hvordan manifestasjonen av tradisjonen skal skje.

Sodalitas Sanctum Seth, som er den eneste sethianske opplæringsarenaen som er kjent for forfatteren, la Purpurtavlen som grunnlag for gjenåpningen av den sethianske skolen.

PURPURTAVLEN

Mitt arbeid er ikke fullbrakt.
Men min slekt skal fullbyrde alle ting gjennom slangen og duen.
Mine tjenere har sådd min tale i støvet for slektens fremtid.

I to tusen år skal jeg hvile, som slangen i egget.
I to tusen år skal jeg drømme i min slekt.
I to tusen år skal jeg være den ukjente tjener og deres hemmelige engel.
Ved min hviles ende skal ødemarken atter oppgi mitt ord til mennesket.
Mesternes tegn på min tilbakekomst skal være tilsynekomsten av de to englene Aerosiel og Selmechel, som flammende midnattsblå ild vil de komme til mørket og lede tilblivelsen av en ny æra. Dette er vokterne som intet tror, men som håper alt.

Ut av eonenes dyp, fra Charaxios høyder, fra blodet i sanden og fra den åpne graven:
Først kommer sakramentene, skjult for Kain og Abels slekt, fra min tidsalders siste tjenere.
Så kommer presteprofetene tilbake, da deres øyne våkner og minnes eonenes verk.
Så kommer læren gjennom mitt ord og slektens hånd.
Så vekkes slekten ved den magiske foreningen av overtrederen og den rettferdiges blandede blod.
Slik er gjenopprettelsen.
Mitt arbeid er ikke fullbrakt.
Men min slekt skal fullbyrde alle ting gjennom slangen og duen.

IAO

OIA

EUI

En væren uten ende.

EUI

OIA

IAO

Innledning til
Aberamentos misjonssalme

Aberamento er navnet på Jesus i den sethianske og i flere andre gnostiske tradisjoner.

I sethianismen sies det at Seth kom til verden i form av Jesus. Spesielt for denne manifestasjonen, var at han tok disipler fra sin egen slekt på lik linje med andre, og at han hadde en forholdsvis høy offentlig profil.

Han ville slik instruere både dem som hadde ervervet gnosis og dem som ennå ikke hadde oppnådd selverkjennelse.

Slik blir Jesus også kjærlighetens budbringer, med et budskap som skal lette på den loven som Yaldabout hadde presentert til menneskene som den universelle loven. Jesu lov om nestekjærlighet legger grunnlaget for samfunnspakten, som speiles i menneskerettighetene.

Denne teksten beskriver Seths nedstigning i Jesus, og gir en oversikt over sethianismens forståelse av hans misjon i verden. Den omhandler også verdens og menneskenes vanskeligheter med å kunne motta ham.

Aberamentos misjonssalme

Kledd i dyrenes drakt, føres hun bort med dødens driv.
Nå har hun grep og kan skimte lyset.
Nå styrter hun ut i fortvilelse og gråt.
Nå sørger hun, og i sin væren gleder hun seg.
Nå gråter hun og er endelig fortapt.
Nå er hun fortapt og til slutt når hun døden.
Nå farer hun til verdensvevens vugge.
Inn i livets labyrint.
Forledet trer hun inn på ny.

Da sa Sønnen:
Se far, hun vandrer i verden, jaget av de blinde kreftene.
Langt fra ditt åndedrag går hun vill.
Hun vil unnslippe kaos, men vet ikke hvordan.

Send meg, O far, og jeg som bærer seglet skal stige ned.
Jeg skal vandre gjennom eonene.
Jeg skal avdekke mysteriene.
Jeg skal angi gudenes form, og lære dem den hellige erkjennelsens
hemmelighet.

Jeg skal legge veien åpen for alle som søker.
Jeg skal gi sant liv til de som søker i seg selv.
Jeg skal åpenbare kjærlighetens mysterier for den visne verden.

Gjennom fødsel skal jeg gi liv.
Gjennom de tolv skal jeg gi lære
Gjennom mysterier skal jeg gi nøkler
Gjennom døden skal jeg gi lys.

Og som det er skrevet skal det skje.

Livet leves i døden, men døden ser det ikke.
Kjærligheten velsigner mennesket, men mennesket griper den
ikke.
Lyset skinner i mørket, men mørket fatter det ikke.

Allikevel er jeg fargenes herre for dem som møter meg.
Allikevel lever jeg for alltid i Ordet.
Allikevel forløser jeg dem som søker meg.
Allikevel erkjennes jeg som en ukjent.

For dem som kommer med viten om meg, blir jeg en annen.
For dem som søker en kjenning, blir jeg en ukjent.
For dem som søker trygghet, blir jeg en fremmed.
For dem som søker å gripe meg, forblir jeg skjult.

Men alltid for kjærlighetens skyld.
Alltid for forløsningens skyld.
Alltid for mysteriets skyld.
Og alltid, alltid for menneskets skyld.
Alltid for hennes skyld.

En væren uten ende.
En væren uten ende.
En væren uten ende.

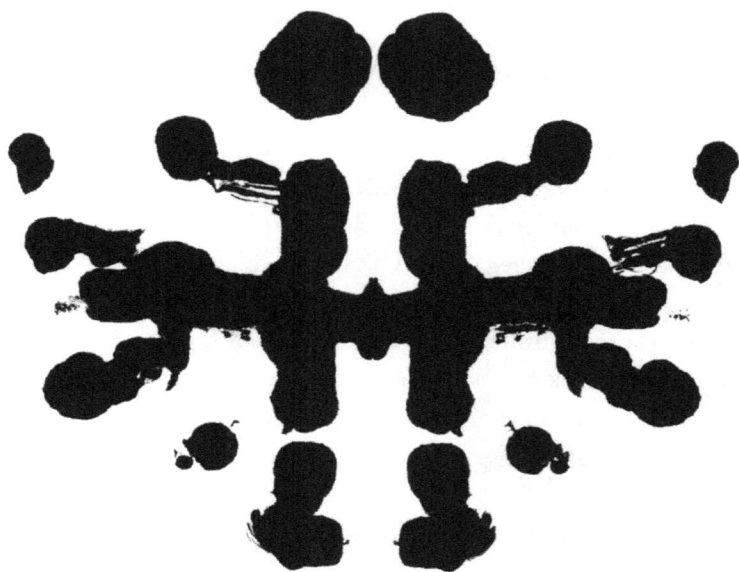

Innledning til
Johannes og maskene

Diktet om Johannes og Maskene, beskriver aspekter ved erkjennelsesprosessen for den som har opplevd det skjellsettende møtet med Den Hellige Ånd i en gnostisk sammenheng. Det vil si den som gjennom egenstudier og opplevelser har kommet til dette møtepunktet, eller den som har kommet dit gjennom innvielse og veiledning.

Johannes er den nye søkende som blir virvlet inn i den berusende opplevelsen av å bestige erkjennelsens fjell, og som forstår at det i sannhet ikke var en selv som steg opp, men snarere fjellet som steg opp i ham.

Maskene indikerer veiens paradoksale natur, en natur som trolig har vært til inspirasjon for svært mange av de gnostiske tekstenes forfattere.

Hva finnes i kjernen?
Er det mennesket eller masken jeg ser?

JOHANNES OG MASKENE

Tidlig en natt kom Johannes til seg selv.
Kom til liv, kom til hvil, til forvandlingens berg.
I haven, ved havet, den korslagte elv,
i kraniets kamre, det hemmelige hvelv.
Folder i kappen, av liv og av død.
Bevegelser, vandrer, i sort og i rød.

Johannes i mengden, i former og dans.
Vann til liv, vann til hvil, vann på englenes berg.
Dans fra lender til lender, uendelige, raske.
Hender som søker fra maske til maske.
Masker og lys, i bevegelig ro.
Bevegelsen, dansen, i liv og i blod.

Johannes forføres, fortrylles, forvandles.
Til livet, til hvilen, til vinrankens berg.
Han lyttet til drømmens lyre og sang.
Til skaperens klokke, til lysslektens sang.
Og maskene danset, ja, maskene danset.
Og maskene danset, ja, maskene danset.

Zoraia, la maskene danse vårt Ord.
Meriotea Metanoiam Maionatem Metanoiam Meriotea
For maskenes mester er mesterens maske.
Meriotea Metanoiam Maionatem Metanoiam Meriotea
din elskede make, din elskedes maske.

Johannes slapp masken i lys, liv og vann.
Han så vår frue, evig og sann.
Han så lyset fra fylden, fra berget, til blodet i brystet.
Han så dansende masker forenet i fylde.
Han så dansende væren forenet i fylde.
For de dansende masker var båret på dans.

Ja, dansende masker var båret på dans.
De dansende masker var båret på dans.

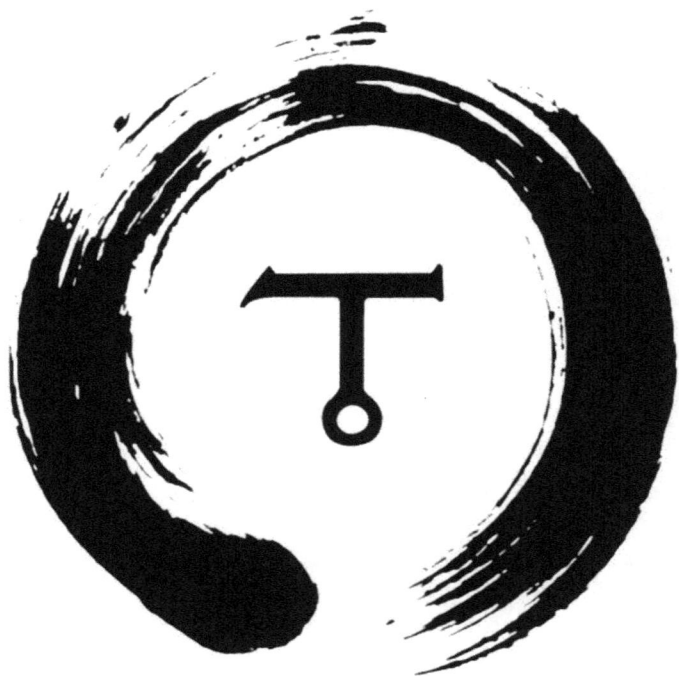

Innledning til
Adamas' bok

Denne boken er tofoldig: En er åpenbar, den andre skjult. Oversettelsen av boken som foreligger her, består av 22 tegn, segl eller hieroglyfer. Den skjulte delen er den uskrevne boken; dette er den muntlige tradisjonen som følger den. I den sethianske tradisjonen brukes tegnene i drømmearbeid, innvielse og andre praksiser.

Disse tegnene var en gang en godt bevart hemmelighet, men etter at de ble trykt i 1539, har de vært tilgjengelige fra tid til annen i forskjellige esoteriske bøker i Frankrike, Tyskland og Italia. Og slik har de beveget seg gjennom understrømninger i forskjellige vestlige ordenssamfunn og sammenslutninger. De har fått forskjellige navn og hatt forskjellige bruksområder.

Og den samlede erfaringen er at de har en tendens til å gripe fantasien og kreativiteten til dem som studerer dem, gjennom sine gåtefulle uttrykk.

Adamas' bok

«Adamas ba om en sønn, slik at han kunne gi opphav til en ubevegelig slekt. Og vår Moder åpnet seg for ham, og spilte sitt blod inn i hans drømmer. Og gjennom sønnen kom stillheten og stemmen. Da dette skjedde gjennom ham, reiste de døde seg og det løste seg opp. Dette er Adamas' bok: De to og tyve bloddråpene som Moderen spilte inn i hans drømmer, slik at Seth kunne gjenopprette og utslette det som er og det som ikke er. De som tegner, forstår og drømmer dem, vil finne de uskrevne nøklene som åpner virkeligheten: De er speil, ikke sjelens speil, men åndens.»

AION

Ubegrenset væren
kan ikke synke
Når den gjør det,
vil den stige igjen

BEÏN

Jeg er lyset
som skinner i mørket:
Og mørket
skinner i farkosten,
slik stillheten fatter meg
ikke

GOMOR

Jeg er den Selv-skapte:
uberørt, udødelig
Utfoldende fylden
av min væren

DÏN

Jeg er det Absolutte:
Nådeløs sannhet,
ubetinget væren,
ustanselig bevegelse
og tøylesløs skjønnhet

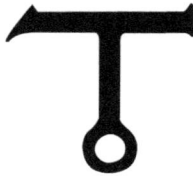

HELI

Den Ukjente Mester
lager masker
av speil
tenker sannhet
fra fortellinger,
vever verdener
fra ord

VR

To veier:
velg ingen.
Lyn og Sannhet
kan ikke motstås,
når de slår ned

M

ZOTH

Den døde gud
sover i skallet av sin kropp

Den levende gud
ferdes gjennom universet
i sitt mysteries farkost

CHAMOTH

Likevekt er ikke
en frossen tilstand,
men likegyldig bevegelse
mellom ytterpunkter

THELI

Lyslivet bukter seg
i ordets ryggrad,
under materiens kappe;
hugger frem
fra stillhet
til ekstase

IA

Mennesket er en gåte hvis løsning er Sannhet:
Våg å spørre
Vil din søken
Vit å banke på
og Tie om det som blir åpenbart

ꓕ

CATH

Kunst
er Begjær
dirigert
av Vilje

LUZ

Offer
er å forsake
det du elsker
og de
som elsker deg

MOR

Når Begynnelsen
fortærer
Slutten,
blir øyeblikket
en evig død og gjenoppstandelse

NAÏN

Det finnes to vann:
Himmelsk lykksalighet
og djevelsk villskap
Vannet er Ett

XÏRON

Det finnes en Skredder
med sømmer
og sting;
Med bånd og bilder
bindes bruddstykker sammen
under lag
av løgn

OYN

Det finnes en port
inn i helvetes høyder
ned i himmelens dyp;
gjennom speilet:
Kom!

ᛁᛉ

PHILON

Når tiden kjølner
og kjeden snur:
Når du brekker mot
det ubevegelige punkt
Da vil alt kretse rundt det ene:
og den ene blir til intet

TSÏD

Når mørket blandes med lys,
blir et verken-eller født

QUON

Alt

Mange

Én

Alt   Mange   Én   Ingen   Én   Mange   Alt

Én

Mange

Alt

RASH

Om den sovende våkner,
om farkosten forgår,
vil selv døden
dø

SETH

Det uskapte lyset
holder verden,
knuser egget,
sluker himmelen,
slukker helvete

THUM

Den brutte verden
er et benhvitt bur,
et smadret speil,
en drakt av dis,
et slør av stemmer
som bryter alt
som kommer inn

Innledning til
Tidens bok

Charaxios avslutning tar for seg verdens ende, eller den materielle verdens ende. Den har derfor nødvendigvis et slags eskatologisk preg.

Det er viktig å forstå at ingen av de gnostiske tekstene skal tas bokstavelig, da det er historien som ligger bak det skrevne ord som er det sentrale, derfor ville aldri en gnostiker si at det er slik eller sånn, fordi det står skrevet her eller der. Dette er særlig viktig i lesningen av apokalyptiske budskap.

Ingen kan vite hvordan alt vil ende, dette vil alltid være underlagt troens domene, og er derfor ikke et sentralt tema innen sethianisme eller noen annen gnostisk retning.

Denne teksten er allikevel med, da den virker avsluttende på tekstsamlingene og gir et bilde av hvordan man kan tenke rundt et slikt tema. Det er allikevel sannsynligvis like mange betraktninger og meninger om dette temaet som det finnes sethianere.

Bruk derfor denne siste boken som utgangspunkt for egne refleksjoner over dette vanskelige temaet.

TIDENS BOK

Tidsaldrenes stemme hvisket og sukket: Hvor lenge, hvor lenge skal dette vedvare, for hvor lenge skal vi måtte holde ut?
Og det veldige lyset Eleleth snudde seg i det uendelige rommet og sa:
Tiden er inne, Abrakadabra!

VISJONEN I KAPELLET

I De Fire Lysenes kapell kom Eleleth og sa: Tiden er kommet for den verden som er rede, for det eon som skal vende tilbake. Du er blant disse, for du er et eon i deg selv, for du har erkjent meg i mine engler som kom til jorden, du har sett dem som intet tror, men som håper alt. Mine engler er med deg, min venn.

Da snudde jeg meg og så, og der åpnet naturens dører seg, og jeg så verden og menneskene i sine baner. Og jeg bad Eleleth om å fortelle meg om tidens grense, om menneskehetens skjebne, og om verdens ende.
Et veldig brus fylte da stedet jeg var, og engler, erkeengler, fyrster, herskermakter, kjeruber og serafer nærmet seg vårt sted fra det høye; og fra underverdenen kom lyden av mektige jordskred, da demonene laget plass for at de skulle kunne høre hva som ble sagt fra åsene de bebodde. For alle ville de høre slik at de skulle fatte og erkjenne, og ikke gå til grunne på innsiden av tidens port.

Eleleth smilte og viste meg de tre menneskeslektene, og sa: Fra tidens begynnelse har det vært tre krefter i verden: Den Selvrettferdige og Jordens mørke datter, og den som er fullbrakt i begrensningens verden.

Seths tale

Fra fylden hørte jeg en veldig røst, den guddommelige himmelske Seth, vårt opphav, som sa: Ingen er fullkommen i kjødet; alle mennesker er plettet med uskyldig så vel som gjenstridig blod. Ingen kan fullbyrde halvskaperens lov, for loven er ikke til for mennesket å oppfylle. Oppfyll den derfor ikke.

Søk meg i deg, søk det sentrum som hviler alle steder, men fremfor alt søk Barbelo ved lysvannets delta, og du skal ikke gå vill i verden, og ingen skal bevege deg, selv om du beveger hele skapelsen.

Søk ikke det fullkomne i verden, for den er ikke der å finne; søk ikke mening i verden, for den vil gi deg meningsløshetens meninger. Søk samværet med det sanne mennesket i alle du møter, og elsk dem slik du elsker fylden i deg selv.

For slik som du skal komme, kommer også jeg, og jeg skal kaste en brann over verden som skal frarøve dere alt dere eier og har, ja, selv livet skal jeg ta fra dere, da dødens engel trer inn i ditt lønnekammer. Ja, jeg skal komme og gi dere av min kjærlighet, den kjærlighet som oppløser verdener uten at dere selv blir oppløst, for om du i den time er rede til å slippe alt og la alt fare, har du alltid vært rede til å gjøre dette.

Da skal jeg ikke sende mine vesener ut for å ribbe deg, for da er du allerede fri og kan eie uten å eies, og søke uten å hige, med en stålsatt vilje som har satt en kurs som intet i verden skal forstyrre, men ve den som ikke slipper taket, for den skal den veldige løvekjeften sluke.

Jeg er det eneste sentrum i all væren og i menneskets innerste eksistens, og jeg skal søke den som prøver å holde noe tilbake; for den som ikke kjenner meg kjenner kun døden, så gjennom slangens legende gift skal jeg se til at du finner meg, og at du slik finner fylden; for jeg elsker ikke bare deg, men også mine brødres sønner og døtre skal få del i det evige lyset, for jeg er også i dem. I deres jordbunnede form, er dere som min elskede Horaia i verden, som Sofia i mørket og Lucifer som farer brennende gjennom vinternattens mørke.

KAIN OG ABEL

Jeg så på Eleleth og han viste meg et mørke og et lys, og sa at dette er Kain og Abels sted.

Lyset kan ikke gå til grunne. Tro ikke på dem som sier at et menneske er fortapt, for de har lyttet til frykten og dårenes guddom. Lyset kan ikke gå tapt, det kan bare erkjennes eller ikke, og husk at den blinde ser like lite ved midnattstimens mørke, som når daggryet legger sine røde stråler over skaperverkets skog og mark.

I så henseende er Kain og Abel i sannhet brødre, for intet vet de om sannheten, om ikke Guds sønner og døtre velger seg dem, og åpner deres porter.

I våre øyne er det ingen forskjell på dem som verden har merket som syndere og dem som er kronet som helgener. La de døde dømme de døde, og la dem hedre hverandre i sin tomhet, for dette er motsetningenes skaperkraft og dødsdrift gjennom det skapte.

Vår slekt bærer lys og mørke i verden og våre gjerninger er de som de uvitende kaller gode og onde og uforklarlige, men vit at det er erkjennelsen av lyset som er det eneste som skiller oss.

Vi skal gi det til dem, vi skal gå forbi dem, og i vår bevegelse skal vi ta fra dem deres dyrebare drukkenskap.

Siden menneskets tilblivelse på jorden har Kains døtre elsket Abels sønner, og Seths sønner og døtre har tatt seg koner og menn blant dem. Lyset er derfor i alle mennesker, men ikke alle erkjenner sin væren.

Ve det menneske som ikke finner sannheten, for det vil aldri kjenne sann og varig lykke. Alle gaver og all fremgang for disse menneskene er som skrift i sand, i deres endeløse higen etter jordisk fullbyrdelse og innfrielse av sine flyktige ambisjoner, og i dødens time vil de frykte det tomme mørket.

VISJONEN AV SLEKTENS VANDRING

Jeg så da hvordan vår slekts stier slynget seg gjennom lys og mørke til den bakenforliggende harmonien. Jeg så hvordan sjelene vandret i sirkelgang mellom kjødet og universets porter, og jeg så hvordan vår slekt beveget seg utenfor og bortenfor dem alle, og hvordan de la sine kapper rundt de forvillede sjelene og førte dem igjennom. Jeg så også dem som vår slekt berørte og som opphørte å være sjeler og ble til rent lys, og som slik tok helt nye former eller fløt opp til fylden.

Jeg spurte så Eleleth om hva jeg så: Hvorfor løses ikke alle sjelene opp og føres inn i fylden?

Eleleth la armen om min sjel og sa: Velsignet er du som søker oppløsningen og den fullkomne forening med opphavet, men vit at din væren kan være i den store væren om du er i fullkommen samklang med fyldens eoner. De hvis sjel vi løser, er de som ikke makter å frigjøre sitt eget lys, det er de som ikke vil eller kan erkjenne fylden. I verden lever de meningsløse liv, men

Yaldabout kan ikke forhindre mennesket fra å dø den kjødelige døden, og slik frigjøres disse ulykkelige vesenene fra sin vandring ved livets ende.

Det er disse som Seth hentydet til da han sa han ville kaste en ild over verden og vokte den til alt står i brann. Disse falne lysene vil kunne komme til fred gjennom Seths tredje nedstigning som Aberamento eller Jesus Kristus. For han har forberedt et eon for alle de forkomne; et sted, en himmel, som kan være deres bolig i forening med hans legeme, som han kaller Faderens hus.

De som går inn i fylden med én sjel og de som trer inn som deler av Kristi legeme, er alle delaktige i den vedvarende forløsningen.

ALLES FORLØSNING?

Skal vi da alle forløses, spurte jeg?

Og Eleleth sa: I tidens fylde skal alt lys igjen være i fylden. Forskjellen er om man i det øyeblikket er en væren eller om man er en del av den udifferensierte væren. Om man er et eon eller om man tar del i Aberamentos eon. For alt er én væren uten ende, slik det også er nå for den som kjenner seg selv, og ser med evighetens øyne i øyeblikket.

Og jeg erkjente behovet for forløsning i all væren, jeg kjente skaperverkets lidelse, om enn bare temporært, en lidelse som i desperasjon trekker mennesket i alle retninger i søken etter forløsningens medisin.

ELELETHS BEFALING

Eleleth sa: Veien ned er veien opp.

Jeg har vist deg seglene, og Seth har lært oss om sakramentene, og Zorakatora har ordinert: Ta dem opp og lukk opp himmelens porter, reis gjennom lys og mørke til fyldens grenseløse grense, snu deg ikke om, men kast fakkelen inn i verden når du forlater den, for jeg vil ikke forlate dere før arbeidet er fullbrakt.

For når menneskeheten til slutt forlater verden vil også Yaldabouts og Nebroels eoner opphøre, for deres skjebne er forbundet med menneskehetens væren i verden. I dette er et stort mysterium som vil åpnes for den som kjenner seg selv.

Husk at herskermaktenes engler og demonene vil tjene den som er av slekten, for bare ved å forene seg med lysmennesket i den som har erkjennelse, skal de atter tre inn i fylden når Den store usynlige Ånd tar eonet tilbake, gjennom ilden i den trettende, til stillheten bakenfor alle ting.

Avsluttende ord

Tetelestai!

Slik er verdens ende, og slik er oppløsningens mysterium for enhver mann og kvinnes individuelle gåte å løse.

Jeg har åpenbart for deg oppløsningen og verdens ende. Ta akt på denne hemmeligheten, og bruk den med visdom og nådeløs kjærlighet i menneskehetens sjeler. Og åpenbar den og tilslør den som sjelene behøver.

Velsignet er den som har, for den skal få, i himmelen så vel som på jorden. Amen!

ETTERORD

I denne boken har jeg samlet noen av tekstene som utgjør Charaxio. Jeg har skrevet noen kommentarer til hver av bøkene, men har unnlatt å gå for mye inn i materien, da jeg tror at man kan få mest ut av tekstene om man møter dem uten å ha blitt fortalt for mye om dem fra før.

Med dette håper jeg at tradisjonens stemme har talt klart for dem som har lånt den sitt øre, og at de har vært som en port for dem som har vært på søken etter en inngang.

Appendix
Selvpresentasjon av
Sodalitas Sanctum Seth

Sethiansk gnostisisme, også kalt klassisk gnostisisme og sethianisme, har fått sitt navn fra Adams tredje sønn Seth og den åndelige Seth. Denne gnostiske retningen hadde sin gullalder fra rundt 300 før vår tidsregning til 300 etter.

Den sethianske tradisjonen er trolig den eldste gnostiske skolen med felles sakramenter, en grunnleggende systematisk teologi, og et kjernemysterium. Dette kjernemysteriet ble formidlet gjennom sakramentene og tradisjonens teologi eller snarere *gnoseologi.*

Gjennom tradisjonens første 600 år, kan vi se tre viktige uttrykk eller perioder for sethianismen. Disse reflekteres i tekstene som ble funnet ved Nag Hammadi i Egypt.

De tre sethianske uttrykkene var den jødiske, den kristne og den nyplatonske. I hver av disse tre periodene ble det samme gnostiske kjernemysteriet ikledd ny drakt.

Vi forstår dette som om at fremtoningen alltid skal tilpasses samtidens mentalitet og behov. Vi erfarer at måten vi omtaler virkeligheten på er viktig for hvordan virkeligheten oppfattes av oss selv og for dem som hører på det som blir fortalt. Virkeligheten er og forblir allikevel den samme.

Kjennetegnet som skiller gnostiske retninger fra *pistisistisk* eller trosbaserte retninger, er den systematiske utforskende tilnærmingen til forløsningen. Vår sethianisme har nettopp denne metodiske tilnærmingen til virkeligheten.

Gnostisisme generelt, og sethianisme spesielt, er basert på en humanistisk lesning av Bibelens skapelsesmyte, Gudspresentasjon, menneskeforståelse og hvordan vi kan leve i og med omgivelsene vi befinner oss i.

Med humanistisk lesning av Bibelen, mener vi at vi setter mennesket og menneskets opplevelse i sentrum.

På grunnlag av denne tilnærmingen fremstår skapergudens intensjoner og handlinger i beste fall som tvilsomme og lunefulle, eller tidvis direkte ondartede.

Som gnostikere leser vi denne myten som en forklaring på det ondes problem.

Heller enn å la seg forføre inn i en dualistisk kamp mellom skaperen og hans såkalte fiende, mellom syndere og fromme, øker vi fylden i virkeligheten slik som den faktisk fremstår i øyeblikket. Og denne fylden kaller vi Den store usynlige Ånd, som er den fullkomne og transcendente væren som skjuler seg alle steder.

Sethianere legger vekt på forståelse og refleksjon rundt egen erfaring og moderne forskning på mennesket, verden og religion, snarere enn tro på uransakelige veier, ufeilbarlige tekster og livsfarlige guder og vesener som påberoper seg krefter og allmakt. Sethianske myter er fortellinger og gåter som er laget for å imøtekomme den enkeltes erfaringer i livet. I dette møtet vil mytene kunne gi øyeåpnere som fører til ledigere omgang med tidligere erfaringer eller mindre klamring til en fremtid som ennå ikke er blitt til.

Så sethianismen er ikke noen religion som sådan, men en tilnærming til religiøse myter som kan bidra til dypere forståelse og interaksjon med virkeligheten slik den er i seg selv.

Med sine til tider paradoksale språklige virkemidler, kan man si at det er en vei mellom veiene, en fortelling som formidles da klokken slår tretten slag; fra en holdning som omfavner både sannhet og løgn, virkelighet og drøm, ved en korsvei som aldri møtes.

Sodalitas Sanctum Seth (SSS) er en moderne arvtaker til den hellenistiske sethianske tradisjonen, men selv om SSS er en moderne manifestasjon, viderefører vi det samme mysteriet som de tidligere sethianske skolene.

Fortellingene, sakramentene og ritualene vi bruker er samlet i boken som kalles *Charaxio*. Navnet Charaxio viser til det skjulte fjellet som Seth gjemte sin lære på, i påvente av at tiden skulle være inne for at de sethianske læremestrene igjen skulle sette sin fot på jorden.

Grunnleggeren av SSS fikk også en etiopisk gnostisk overlevering som strekker seg lengre tilbake i tid enn den såkalte *gnostiske restaureringen* i Frankrike på 1880-tallet. Historien om denne overleveringen vil SSS imidlertid foreløpig holdes tilbake, etter ønske fra den forrige mesteren i denne åndelige linjen.

Vår tradisjon er imidlertid ikke avhengig av en slik linje for å holde den sethianske ilden brennende i virkelighetens tussmørke, men har omfavnet den av tradisjonelle grunner.

Sodalitas Sanctum Seth består av tre offisielle hus. Tilslutning til et eller flere av dem skjer kun gjennom invitasjon.

The Fellowship of the Serpent and the Dove

Fellowship'et består av søkende som vil tilnærme seg sethianismens erkjennelsesvei. Dette huset består av lekfolk som er løselig tilknyttet SSS, og som læres opp til å fortsette sitt videre erkjennelsesarbeide på egenhånd eller med minimal veiledning fra våre læremestere.

Her finnes det både filosofiske og religiøse tilhørere som organiserer seg i egne grupper eller som praktiserer på egenhånd.

The Circle

The Circle, eller Sirkelen, er den sethianske skolen, der søkende får opplæring på individuell basis eller i små grupper. Her formidles sethianisme til de som vil virkeliggjøre en gnostisk tilnærming til livet. Sirkelen er nært knyttet til *The Convent*. Opplæringen gir religiøse, filosofiske og psykologiske perspektiver på gnostisisme. Læremestrene er i større grad veiledere til selverkjennelse enn instruktører, for den eneste virkelige mesteren i en prosess, må alltid være studenten selv.

The Convent

The Convent, gjerne omtales som Konventet, er fellesskapet av sethianske læremestere. Dette er et didaktisk felleskap og et felleskap for å videreutvikle den sethianske diskursen.

Dette huset er det eneste som fra tid til annen refereres til som Sodalitas Sanctum Seth.

Følgende utgivelser er kommisjonert og godkjente av Sodalitas Sanctum Seth:

Ødegaard, Rune: *Nøkkelen, sethiansk gnostisisme i praksis.* 2009 Krystiania publishing, Oslo Norway

Ødegaard, Rune: *Porten, sethiansk gnostisisme i praksis.* 2013 Krystiania publishing, Oslo Norway

Ødegaard, Rune: *The Key: Sethian Gnosticism in the postmodern world.* 2011 Krystiania publishing, Oslo Norway

Ødegaard, Rune: *The Gate: Sethian Gnosticism in the postmodern world.* 2012 Krystiania publishing, Oslo Norway

JI:	Er det noen andre som vet om dette?
JC:	Nei, og det skal de heller ikke.
JI:	Du forstår at det du ber meg om vil ødelegge meg også?
JC:	Ja, men det er den eneste muligheten vi har for at de andre skal forstå hva vi har snakket om. De trenger å oppleve det, og vi kan gi dem det.
JI:	Jeg vet, men tror du de vil kunne leve i det?
JC:	Jeg tror det… Du må gå nå, og hent dem som skal avkle mennesket som dekker meg.
JI:	Da ses vi i kveld.
JC:	Lykke til, vi ses når alt dette er over.
JI:	Ja, lykke til. Om noen dager er alt over…

Krystianias utgivelser: